EDAF
MADRID

JOHN W. ARMSTRONG

EL AGUA DE LA VIDA

TRATADO SOBRE TERAPIA DE LA ORINA

«PLUS VITAE»

Título del original inglés:
THE WATER OF LIFE

Traducido por:
RAFAEL LASSALETTA

© Health Science Press, 1971.
© 1985. Editorial EDAF, S. A.
Para la edición en español por acuerdo con Health Science Press (Inglaterra).

Reservados todos los derechos. Ninguna parte de este libro puede ser reproducida en cualquier forma o por cualquier medio, electrónico o mecánico, incluyendo fotocopiadora, grabadoras sonoras, etcétera, sin el permiso escrito del Editor.

Depósito legal: M. 11.327-1996
I.S.B.N.: 84-7166-987-0

PRINTED IN SPAIN   IMPRESO EN ESPAÑA
Ibérica Grafic, S. L. - Pol. Ind. El Palomo - Fuenlabrada (Madrid)

INDICE

		Págs.
	PREFACIO	9
1.	INTRODUCCION	13
2.	EL AGUA DE LA VIDA	16
3.	RESPUESTAS A ALGUNAS OBJECIONES	21
4.	MI AUTOCURACION	28
5.	GANGRENA	31
6.	TUMORES Y CANCER (?)	36
7.	ENFERMEDAD DE BRIGHT:* HISTORIALES	48
8.	UN CASO DE LEUCEMIA	54
9.	ENFERMEDADES CARDIACAS: CASOS	58
10.	FIEBRES: MALARIA Y OTRAS	62
11.	UN CASO DE ORQUITIS	65
12.	ENFERMEDADES VENEREAS	68
13.	LA CURACION DE LAS HERIDAS QUE NO SANAN: TRATAMIENTO DE QUEMADURAS	72
14.	ALGUNOS CASOS VARIADOS	76
15.	EL CATARRO COMUN	89
16.	LA TERAPIA DE ORINA EN LOS ANIMALES	93
17.	LA RAZON DE LOS MASAJES Y LAS COMPRESAS DE ORINA	96
18.	LA ALIMENTACION EQUIVOCADA, ES LA CAUSA PRINCIPAL DE LAS ENFERMEDADES	100
19.	ALGUNAS SUGERENCIAS PRACTICAS	105
20.	EL HOMBRE; EL MISTERIOSO	110
21.	REFLEXIONES A MODO DE CONCLUSION	113
	FINAL: ¿DONDE LA MEDICINA?	116

PREFACIO

Muchas de las personas que se han beneficiado, y siguen beneficiándose, de la terapia de la orina me han pedido repetidamente que escriba un libro, pero hasta ahora siempre había puesto objeciones. En primer lugar porque carecía del tiempo libre necesario, y en segundo lugar porque soy contrario a cualquier forma de autopublicidad. Sin embargo, consciente de que lo que se pospone durante demasiado tiempo puede no llegar a realizarse, he decidido finalmente ceder a las persuasiones, redactando este libro en gran parte a base de notas, hojas de historiales y cartas. Otra de las razones de dar a conocer mis experiencias al mundo la sabrá el lector en su debido momento. Soy plenamente consciente de que la publicación de un libro conlleva diversos inconvenientes indirectos; uno de ellos es que el autor puede verse inundado de cartas, y el otro, si es practicante de la medicina, que puede verse desbordado de pacientes que apelen a él o a sus editores. Como no solicito clientes, ésa fue una de las razones por las que deseaba retrasar la redacción de este libro. Pero ahora que va a llegar al público debe ponerse de relieve lo siguiente:

1) Como existe ahora una ley por la que es ilegal que quien no sea practicante médico cualificado pueda declarar que puede curar determinadas enfermedades —el cáncer entre ellas—, debe tenerse en cuenta que todos los historiales de casos relativos a esas enfermedades que se mencionan en este libro pertenecen a pacientes tratados antes de que se promulgara esa ley. No me encuentro en posición de afirmar si la ley puede extenderse hasta la ilegalización de un profano que afirme que *ha* curado esos trastornos en el

pasado; pero si es así, entonces, de acuerdo con el dictamen médico, uno tendrá que suponer forzosamente que cuando esas enfermedades han respondido a un tratamiento que no era el ortodoxo, ¡por fuerza habían sido diagnosticadas erróneamente!

2) Como la terapia que se perfila en este libro es un sistema curativo totalmente desprovisto de medicinas, y es específico para la salud y no para una enfermedad determinada, la diagnosis no juega una parte práctica en el tratamiento. Por tanto, aunque los capítulos llevan como título los nombres de diversas enfermedades, ello se hace en nombre de la conveniencia literaria, y para demostrar que han resultado adecuados para el tratamiento general.

JOHN W. ARMSTRONG (1944)

"Muchas personas creen que cincuenta mil médicos, grandes hospitales, ejércitos de enfermeras, dentistas y clínicos y unos trescientos mil perturbados mentales tratados son los signos de una civilización y medicina en progreso, pero lo que demuestra en realidad todo eso es el completo fracaso de nuestro sistema médico, y la mala educación pública en cuestiones de nutrición y modos de vida. Las miles de operaciones realizadas semanalmente con una técnica brillante son la prueba adicional de que los tratamientos anteriores no habían producido una feliz curación."

* * *

"La salud, y no la enfermedad, es la herencia verdadera de la vida. Las criaturas humanas no llegan a comprender hechos que tienen delante de los ojos. Estamos hechos de lo que comemos y, por tanto, el que un órgano enferme suele querer decir que los alimentos no eran los idóneos..."

COMANDANTE C. FRASER MACKENZIE, C.I.E.
(Health Through Homoeopathy, Junio y Julio de 1944).

"La enfermedad ... se convierte en un interés creado y, consciente o inconscientemente, los doctores la promueven como tal. No es infrecuente el comentario de que los doctores producen la enfermedad. Además, todo el sistema y la filosofía de nuestro tratamiento de la enfermedad es erróneo."

DR. W. H. WHITE, M.R.C.S., L.R.C.P.

Hipócrates, el gran sacerdote de la medicina, aconsejaba a los médicos que aceptaran la ayuda de los legos en el tratamiento de la enfermedad, pero raramente se ha seguido este consejo.

Como el reino del cielo, el reino de la salud ha de ser tomado por asalto.

J.W.A.

1. INTRODUCCION

Debido al creciente papel jugado por los intereses creados en muchas de las ramas del esfuerzo humano, y no iba a ser menos en la lucrativa empresa de proporcionar remedios a la enfermedad, las personas inteligentes sienten cada vez mayor desconfianza hacia los métodos médicos ortodoxos. Muchas personas se habrán hecho las siguientes preguntas:

¿Cómo es posible que durante más de cincuenta años los investigadores ortodoxos del cáncer se hayan ocupado de la causa y curación de la enfermedad, y sin embargo no puedan sugerir nada mejor que el bisturí, el radio o los rayos X?

¿Cómo es posible que *después* de las cartas de muchos doctores que han aparecido en el *British Medical Journal* testificando sobre los resultados altamente insatisfactorios del tratamiento con radio, sin embargo se le siga impulsando en este país y en otros lugares?

¿Cómo es posible que cuando tratamientos eficaces para el cáncer han sido descubiertos bien por doctores cualificados o por practicantes de escuelas no ortodoxas todavía no hayan sido reconocidos por el Cancer Research Ring, que sigue pidiendo al público la donación de grandes sumas para el descubrimiento de su curación?

A estas preguntas (que trataré en mis conclusiones) no se les da respuesta satisfactoria, viéndonos obligados a concluir que, aunque en la mayoría de los países se pueden encontrar muchos doctores carentes de egoísmo y de mentalidad noble, en la medicina moderna prevalecen muchas cosas que son deplorables. 1) La tortura de animales para la experimentación y la preparación de sueros y vacunas; 2) el estímulo del miedo del público por causa de la publicidad; 3) el comercialismo y los intereses creados, que no tendrían que jugar ningún papel en la curación del enfermo; y 4) unas miras estrechas de corporativismo que sugieren que los pacientes existen para los doctores, y no al contrario: muchos doctores han comentado y lamentado profundamente alguna vez todas estas cosas.

Sin embargo, del mismo modo que después de una guerra, la Naturaleza o los "Poderes Superiores" parecen intervenir para ajustar el equilibrio de las cosas, asegurando el nacimiento de una mayor proporción de hijos varones, cuando la medicina se tiñe excesivamente de consideraciones materiales, algo parece inspirar algún método de curación a modo de correctivo de esas tendencias, ayudando a que se beneficien de ello los que tengan una mentalidad amplia. Dicho método puede ser impedido por otros métodos que preparan el camino a su aceptación; pues hay que admitir que la naturopatía ha servido de instrumento para la curación de muchas enfermedades ante las que había fracasado estrepitosamente el sistema ortodoxo. Sin embargo, como veremos luego, la naturopatía tal como se practica no llega lo bastante lejos, pues aunque puede limpiar el cuerpo de sus toxinas, no puede reemplazar los tejidos perdidos por enfermedades graves, como la tisis, u otras enfermedades de igual gravedad. Ello sólo puede conseguirse mediante la elaboración de una antigua terapia, cuyos detalles me propongo dar a conocer en este libro, y que he practicado con señalado éxito conmigo mismo y con miles de personas, aunque a muchas de ellas les habían dicho que estaban aquejadas de enfermedades incurables. Es cierto que en una ocasión decidí no escribir mi libro hasta que hubiera tenido la oportunidad de curar incluso la lepra; pero como no es probable que me encuentre un caso de esta temida enfermedad hasta que pueda visitar los países en donde predomina, he decidido entregar al público sin más retraso los detalles de mis experiencias. Lo que yo afirmo, y no soy el único en hacerlo, es que dentro del hombre mismo se puede encontrar la sustancia que cura sus enfermedades, ya se trate de enfermedades de des-

INTRODUCCION

gaste u otras; y me propongo sustanciar esa afirmación mediante hojas de historiales, siguiendo el principio de que unos gramos de hechos valen más que kilogramos de teorías.

Si para el establecimiento de los hechos resultan esenciales las referencias a fallos médicos, esto es algo inevitable que va en interés del público y de la verdad; y esas referencias no se hacen con espíritu alguno de hostilidad hacia los doctores. Quede de relieve que hay muchos médicos honestos y carentes de egoísmo con quienes no quiero ser injusto: lo que me veo obligado a criticar *no* son las personas, sino las prácticas* y creencias nocivas y erróneas. Los lectores verán por sí mismos que esas críticas no surgen de otros motivos. No tengo ningún remedio secreto ni patente de medicina que vender. Ciertamente, aún siendo un profano, sólo siga la conducta exigible a cualquier miembro honesto de la profesión médica: no hacer ningún secreto de cualquier descubrimiento que pueda resultar útil para la curación de la humanidad y más todavía, si fuera posible que el tratamiento en muchos casos se pueda realizar en casa sin gasto económico alguno.

---

* Este aspecto del asunto ha sido plenamente tratado por Mr. Ellis Barker (cuyos libros han sido publicados por John Murray) y por Mr. Cyril Scott en sus libros, *Doctors, Disease and Health* y *Victory over Cancer;* también merece la pena leerse *The Cauldron* of Disease, de Arc Waerland.

2. EL AGUA DE LA VIDA

Antes de relatar mis propias experiencias con la terapia de la orina, es aconsejable citar algunas opiniones extraídas de fuentes antiguas y modernas con respecto al valor de la orina como agente curativo.

Hacia principios del siglo pasado, un libro titulado *One Thousand Notable Things* fue publicado simultáneamente en Inglaterra, Escocia e Irlanda. Aparece en él la curiosa cita siguiente:

"Un remedio universal y excelente para todas las destemplanzas internas y externas. El beber su propia agua por las mañanas durante nueve días seguidos cura el escorbuto y vuelve el cuerpo más ligero y alegre.

Es bueno contra la hidropesía y la ictericia, bebido como antes (se decía).

Lavarse las orejas con él calienta y es bueno contra la sordera, ruidos y la mayoría de las otras dolencias de oídos.

Lavarse los ojos con su propia agua cura los ojos llagados y aclara y fortalece la vista.

Lavarse y frotarse con ella las manos elimina el entumecimiento, grietas y llagas y hace más flexibles las articulaciones.

Lavarse cualquier herida con ella es algo extraordinariamente bueno.

Lavarse cualquier parte que pique elimina la comezón.

Lavarse el ano es bueno contra las hemorroides y otras llagas."

He aquí otro extracto tomado expresamente de un viejo libro

llamado *Salmon's English Physician*, publicado en 1695, que citaré en parte:

"Se toma la orina del tipo humano y de la mayoría de animales de cuatro patas; pero es la primera la que se utiliza principalmente en medicina y química. Es el suero o la parte acuosa de la sangre, que siendo enviada por las arterias emulgentes a los riñones, allí es separada y fermentada por las partes, convertida en orina... La orina del hombre o la mujer es caliente, seca (?), disolvente, limpiadora, luchadora, resistente a la putrefacción; se utiliza internamente contra las obstrucciones del hígado, bazo, vesícula biliar, así como contra la hidropesía, ictericia, detención de las reglas en las mujeres, la peste y todo tipo de fiebres malignas.

. . . .
   Exteriormente (aplicada), limpia la piel y la suaviza lavándola con ella, especialmente si está caliente (recién hecha). Limpia, cura y seca las heridas, aunque esté hecha con armas envenenadas. Cura la caspa, y bañando los lugares de los pulsos se enfría el calor de las fiebres. Es excelente contra el temblor, entumecimiento y perlesía, y bañando la zona del bazo la orina alivia el dolor que provoca.

Las virtudes de las sales volátiles de la orina.— Absorbe poderosamente los ácidos y destruye la raíz misma de la mayoría de las enfermedades del cuerpo humano. Abre todas las obstrucciones de ... los riñones, misentería y útero, purifica toda la masa de sangre y los humores, cura ... la caclexia ... reumatismo y enfermedades hipocondríacas, y se da con admirable éxito en los casos de epilepsias, vértigos, apoplejías, convulsiones, letargias, migrañas, perlesías, cojeras, entumecimientos, pérdida del uso de los miembros, atrofias, vapores, ataques de las madres, y la mayoría de los catarros y enfermedades de humedades de la cabeza, cerebro, nervios, articulaciones y útero. (debería añadirse la leucorrea a esta lista.)

   Abre obstrucciones de los riñones y pasajes urinarios, disuelve las coagulaciones tartarosas en esas partes, rompe y expele la piedra y la grava.

   Es un remedio específico contra la disuria, ischuria y todas las obstrucciones de la orina."

Ante este panegírico muchos hemos dado en llamarla *el agua de la vida*. Pero también hemos leído que en el siglo XVIII fue muy alabada como enjuague de boca por un dentista parisino.

Citaré ahora algunas opiniones modernas sobre el valor de la orina.

Escribiendo en *Candide*, el prof. Jean Rostande pone de relieve repetidamente el significado biológico de las sustancias conocidas con el nombre de hormonas. Su artículo, de unas 1.250 palabras, se puede condensar del siguiente modo:

> "Un descubrimiento reciente relativo a la actividad de las hormonas ha revolucionado completamente su estudio: que algunas de ellas se filtran por los riñones para pasar a la orina. En la orina normal se han encontrado múltiples hormonas hipofísicas, las hormonas de las glándulas suprarrenales y sexuales ... El descubrimiento de la hormona-urinoltogia ha tenido consecuencias de largo alcance. La orina proporciona una cantidad prácticamente ilimitada de materia básica... Desde el punto de vista terapéutico, es posible ver el uso de estas hormonas humanas como aparentemente capaz de ejercer gran poder sobre el organismo humano..."

Por tanto, la orina alabada por muchos de los antiguos, pero malentendida por los semimodernos, aparece ahora como un maravilloso depósito: un filtro de valor preeminente. Contiene, en forma pura y en cantidades inimaginables, productos de naturaleza muy vital, confirmando lo que decía Mr. Ellis Barker cuando escribía que "nuestro cuerpo destila las medicinas más maravillosas y proporciona los sueros y anticuerpos más perfectos."

Citaré ahora algunas observaciones tomadas de un panfleto del Dr. T. Wilson Deachman, Ph.C., M.D., quien escribe:

> "Como el contenido de la orina varía de acuerdo con el estado patológico del paciente, su uso está indicado en todas las formas de enfermedad, salvo en las producidas por traumatismo (miembros rotos) o las que son de naturaleza mecánica. Ahorra al médico el error que se comete teniendo que seleccionar entre tres mil o más fármacos... Lo que no puede ser curado por las fuerzas del cuerpo, tampoco puede serlo con las fuerzas exteriores a él."

No es irrelevante mencionar aquí que al finado Maurice Wilson, quien hizo un magnífico aunque abortado intento de escalar el Everest, achacaba su inmunidad a las enfermedades ordinarias y su sorprendente ánimo a sus numerosos ayunos a base sólo de orina, y a la fricción externa con ella. Los lamas del Tibet y los yoguis con los que tuvo relación antes del intento afirman vivir hasta una edad muy avanzada mediante el uso de la orina. Con los mismos medios pueden atravesar desiertos inaccesibles a los hombres ordinarios.

En el siglo pasado entre los años sesenta y setenta, el beberse uno su propia orina era un remedio bien conocido contra la ictericia, y algunos doctores tenían el valor de recetarlo. Uno de mis pacientes me contó que, cuando era un muchacho, su abuelo le curó de un ataque de ictericia, tras ser aconsejado por un doctor, haciéndole beber toda la orina que pasó durante los cuatro días de su enfermedad.

Los gitanos han conocido desde hace siglos las saludables propiedades de la orina. Han tomado en grandes cantidades orina de vaca para curar la enfermedad de Bright, la hidropesía y otras aflicciones. Conocí a un granjero de Dorset que durante más de sesenta años había bebido todos los días casi dos litros de orina de vaca. Por entonces tenía 80, estaba recto como un palo y me contó que nunca había estado enfermo. Por consejo de un gitano había iniciado el tratamiento a la edad de veinte por unos problemas de garganta y pecho. Sin embargo, como agente curativo la orina de vaca es inferior a la propia orina del paciente, y sé que ha fallado en un caso de enfermedad de Bright producida por alcoholismo.

Los más sabios de los griegos antiguos sólo utilizaban orina para el tratamiento de las heridas. Los esquimales siguen adoptando hasta hoy esas medidas.

¿Se ha utilizado la terapia de orina en tiempos comparativamente recientes? La respuesta es afirmativa. El finado W. H. Baxter, J.P., de Leeds and Harrogate, no sólo tomaba su propia orina, sino que escribió muchos panfletos sobre el tema que podrían tomarse más en serio si no los hubiera entremezclado con moralizaciones algo irrelevantes. "Mr. Baxter, que vivió hasta una avanzada edad, declaró que se había curado un tumor canceroso aplicándose su propia orina en forma de compresas y bebiéndosela. Después afirmó que se había curado otras dolencias con esos medios simples. Afirmó que la orina es el mejor antiséptico que existe y, tras hacer ese descubrimiento, se hizo el hábito de beberse diariamente tres vasos llenos como profiláctico contra la enfermedad. Afirmó que si se toma de este modo la orina autógena, más inocua se vuelve. La aplicaba a sus ojos como loción fortalecedora, y tras afeitarse la utilizaba para su tez. También recomendaba su uso externo para heridas, hinchazones, forúnculos, etc. Afirmaba que como aperitivo no tenía igual." (Ver *Doctors, Disease and Health*, de Cyril Scott.)

Puedo atestiguar la verdad de estas afirmaciones, pues Mr. Baxter fue por un breve tiempo uno de mis pacientes. Pero lo que no se menciona en el extracto anterior es que durante el tratamiento *ayunaba* a base sólo de orina y agua. Este ayuno, como el lector verá más delante, es una parte esencial del tratamiento, o al menos en las enfermedades graves.

En algunas zonas rurales, los doctores han recomendado la orina de vaca para los forúnculos. Puedo citar el caso de un hombre que tenía dolorosos forúnculos en la axila. Se le curaron rápidamente con compresas de orina de vaca.

Dicho sea de paso, puedo mencionar que hace no mucho tiempo uno de los más caros jabones de tocador estaba hecho con grasa y sales deshidratadas de orina de vacas alimentadas con hierba, y otro jabón con la orina de campesinos rusos. (Mi informante era un químico que sabía de lo que estaba hablando.) Además, algunas cremas faciales de alto precio contienen hormonas derivadas de la orina humana. "¡Ojos que no ven...!"

3. RESPUESTAS A ALGUNAS OBJECIONES

Antes de proseguir es aconsejable tratar algunas de las objeciones que se han planteado y se siguen planteando. Se ha afirmado que si el hombre estuviera destinado a beberse su orina habría nacido con el instinto de hacerlo. Se podría responder que como el hombre no ha nacido con el instinto de realizar ejercicios de respiraciones profundas, o de adoptar otras medidas que se han demostrado saludables, todo ello sería por tanto inválido o reprensible. Tomemos como ejemplo a los yoguis de la India. Mediante la práctica de ejercicios respiratorios, posturas, etc., no sólo han llegado a un perfecto estado de salud, sino que viven más allá de los habituales 70 años. A los 150 años de edad, un buen hatha yogui ni siquiera tiene un pelo gris. (Véase *Rajah Yoga*, de Swami Vivikananda.) Es cierto que la ciencia del yoga sólo se puede aprender con seguridad de las manos de un profesor competente; pero ése es otro argumento contra la teoría del instinto. (Véase *Heaven Lies Within Us*, de Theo Bernard.) Uno se da cuenta, dicho sea de paso, de que el hombre no se preocupa de sus instintos cuando se trata de beber licores fuertes, o de fumar cientos de cigarrillos: en suma cuando se trata de hacer cosas nocivas para él, incluso a pesar de que su instinto se rebelara la primera vez que experimentara sus "delicias".

Respondamos ahora a otra objeción. ¿Puede ser correcto reintroducir en el cuerpo algo que el cuerpo parece estar rechazando? Si miramos a la naturaleza, ¿qué encontramos? Encontramos que en lugar de abonos "científicos" las hojas muertas vuelven al suelo, y las flores resultantes son las más fragantes, los frutos los más dulces, y los árboles los más saludables. Por otra parte, cuando por alguna razón la tierra se ve privada de esas sustancias químicas producidas por las hojas muertas, etc., entonces los árboles que crecen en ese suelo se ven desfigurados por excrecencias, las cuales, creo que adecuadamente, han sido llamadas los cánceres de los árboles. Lo que estamos acostumbrados a considerar como hojas muertas son en realidad el opuesto mismo a la inutilidad, y deben reintroducirse en el suelo en lugar de ser barridas por el jardinero. Si quien no cree en esto prueba los productos *Iceni*, cultivados en suelos tratados con el principio de que todo lo que procede del suelo debe volver a él, se convencerá pronto de la corrección de este principio. La idea de que la naturaleza es derrochona es errónea. Sólo nos lo parece a nosotros porque no la entendemos. Las hojas muertas podridas proporcionan las sales minerales más valiosas para el suelo, siendo una de las más esenciales el potasio. Hasta las cenizas de las hojas muertas quemadas y la madera quemada (carbón vegetal) son de gran valor. Entonces, ¿por qué no vamos a aplicar al cuerpo humano (con ciertas reservas) un principio que se aplica en toda la naturaleza? El modo más sencillo de responder a esta pregunta consiste en considerar los constituyentes de la orina.

Pero antes de hacerlo hemos de decir algo sobre la poca fiabilidad de los análisis de orina como medio de diagnosis. Aunque el análisis de orina sigue siendo una práctica habitual entre los médicos ortodoxos, se ha demostrado que los elementos de la orina y su condición general dependen mucho más del carácter de la comida y la bebida ingeridas por el paciente que de una enfermedad real o imaginada. Ni siquiera la presencia de azúcar puede considerarse como una señal infalible de diabetes. Esto lo he demostrado a mi entera satisfacción tomando durante un día nada más que bebidas hechas con polvos dulces químicos y helados muy endulzados como sólidos. Con esa dieta, a las doce o catorce horas la orina de una persona saludable se carga de azúcar, sugiriendo al doctor que tiene diabetes. Errores similares se han cometido con respecto a la albúmina encontrada en la orina como consecuencia de una dieta mal equilibrada. Hace unos años, un amigo mío relacionado con una compañía de seguros de vida rechazó varias "exploraciones" por causa de grandes depósitos de albúmina en la orina. Finalmente sometió a investigación a tres de esos hombres. Alterando su dieta, lo que parecían ser indicaciones de la enfermedad de Bright, nefritis o **albuminuria** desaparecieron pronto, y en un examen siguiente del doctor de la compañía les dijo que debían haber tenido "inflamaciones locales" durante el examen previo. Sobran los comentarios.

Urea N (nitrógeno)	682
Urea	1.459
Creatinina N.	36
Creatinina	97,2
Acido úrico N.	12,3
Acido úrico	36,9
Amino N.	9,7
Ammonia B.	57
Sodio	212
Potasio	137
Calcio	19,5
Magnesio	11,3
Cloruro	314
Sulfato total	91
Sulfato inorgánico	83
Fosfato inorgánico	127
pH	6,4
Acidez total como C.C.	
N/10 ácido	21,8*

* El Dr. G. S. Cotton, de Temple, Texas, me escribe que la orina también contiene "alontaína" (c4H6.03.N.4). En la lista anterior no se hace ninguna mención a las valiosas hormonas a las que se refería el prof. Jean Rostand.

Esto es significativo, por cuanto que muestra la cantidad de valiosas sales minerales contenidas en una orina saludable; para apreciarlo hay que estudiar el sistema bioquímico de la medicina. Aún así, tal como dijimos, hay amplias variaciones en la composición urinaria, de acuerdo con las bebidas y comidas consumidas. Por ejemplo, tomando a 50 individuos normales, y teniendo en cuenta que la media de urea N. es de 682, la cantidad máxima obtenida es de 1.829 y la mínima de 298. En cuanto al volumen de orina pasada, varía mucho de acuerdo con la dieta y la estación del año. Además, la orina pasada por la noche es un cuarto o la mitad de la pasada por el día.

A la vista del análisis superior, podemos hacernos la siguiente pregunta: si los elementos que revela la orina no son requeridos por el cuerpo, ¿por qué los químicos y bioquímicos de nuestro alimentos enfatizan su valor y declaran que son esenciales para el mantenimiento del cuerpo?

La idea de que la orina contiene elementos venenosos que el cuerpo está tratando de eliminar se basa sólo en teoría, y no está demostrada por hechos. Puesto que los supervivientes de naufragios que van en botes o almadía suelen beberse su orina cuando el suministro de agua es deficiente, si bebieran un líquido venenoso morirían o enfermarían. Lejos de eso, se afirma que la práctica de beber orina es inocua, pero (tal como el Departamento Médico de la Marina señaló por carta en respuesta a una pregunta) "el beneficio obtenido no es tan grande como podría parecer a primera vista, pues en los casos de deshidratación la producción de orina baja hasta un nivel ínfimo...". Más adelante haré un comentario sobre esto. Entretanto, comentaré que lo que puede ser un "veneno" cuando está separado de su entorno natural, puede no actuar como tal cuando *permanece* en ese entorno. La profesión médica debió quedar impresionada cuando a principios de siglo Charrin escribió un libro entero sobre los venenos de la orina, pero tal como el profesor Jean Rostand (ya citado) ha escrito desde entonces: "No está lejano el tiempo en que será imperativo escribir sobre las bendiciones de la orina". Ciertamente, tal como veremos en estas páginas, el hecho más sobresaliente es que la orina, por espesa, concentrada, escasa y aparentemente "venenosa" que pueda aparecer al inicio de enfermedades como la de Brigth, gripe y otras, muy pronto se filtra y aumenta mucho de volumen cuando se bebe libremente. Este es un hecho que he atestiguado, junto con otros practicantes de la terapia de orina, en cientos de los llamados casos desesperados, y es la respuesta mejor y más definitiva a la objeción que estoy tratando.

Otra objeción que se ha propuesto (especialmente por quienes han puesto su confianza en los "príncipes" de la medicina) es la siguiente: si en otro tiempo se supo que la orina era un remedio valioso, ¿por qué ha caído en descrédito? Pero los que plantean esta pregunta no deben estar familiarizados con los hechos más elementales de la historia médica ortodoxa, que consiste en una larga serie de cambios de política, cambios de medicinas, cambios de tratamiento, de modas y "supersticiones explotadas", de altercados, de envidias e incluso de persecuciones. Algunos de los "remedios" más extraños han estado de moda durante unos años, para ser considerados años más tarde como una de las más bárbaras supersticiones. Por ejemplo, al famoso cardenal Richelieu le dieron a beber en su lecho de muerte excrementos de caballo en vino, y no eran unos charlatanes, sino hombres que hoy en día serían calificados de doctores. (Véase *Devils, Drugs and Doctors*, de H. W. Haggarf. MH.D.) No estoy dando a cononer "secretos de estado" al aludir a la inestabilidad que caracteriza a la profesión médica ortodoxa. Hablando en el King's College H.M. School el 1 de octubre de 1918, el cirujano general Sir Watson Cheyne, M.P., pedía a los estudiantes que recordaran:

"La medicina no es una ciencia exacta. Mucho de lo que se está enseñando no es cierto. Cuando hay que tratar de la vida, se sabe tan poco del cuerpo vivo que no se puede ser dogmático. Sólo se pueden establecer hipótesis que se mantendrán por un día y luego pasarán: así como las enseñanzas de hace setenta años nos parecen muy curiosas y no muy sensatas, exactamente lo mismo sucederá dentro de cuarenta años." (*The Times*, 2 de octubre de 1918.)

La verdad de esto puede aplicarse hoy lo mismo que en 1918, quizá aún más. No es una exageración decir que, lejos de ser una ciencia exacta, a pesar de todas las pruebas "científicas" a que son sometidos los pacientes en estos días, sigue siendo una ciencia tan inexacta que se sabe que diez doctores diferentes han dado diez diagnósticos diferentes de una dolencia aparentemente tan simple como dolores de cabeza. En el diario americano *Liberty* (22 de enero de 1938) apareció un significativo artículo de un hombre de casi treinta años que relata sus intentos de librarse de ese molesto problema consultando sucesivamente a diez doctores; al final de su aventura seguía con el dolor de cabeza. Como la historia es significativa, y no carece de ironía y sentido del humor, podemos condensarla aquí.

El *primer* doctor le dijo que tenía una obstrucción en la nariz y debía consultar con un especialista; el *segundo* le dijo que no tenía ningún problema en su nariz; pero que debía ver a un oculista, el *tercero* le dijo que tenía tensión baja y debía ponerse inyecciones; el *cuarto* le dijo que tenía la tensión alta y debía hacer dieta para bajarla; el *quinto* le dijo que tenía el hígado hinchado y debía seguir un tratamiento eléctrico; el *sexto* le dijo que su hígado no estaba hinchado, pero que no segregaba suficiente bilis; el *séptimo* le dijo que la glándula pituitaria no le funcionaba bien y debía ponerse inyecciones glandulares; el *octavo* le dijo que sufría de envenenamiento intestinal y tenía que comer y fumar menos; el *noveno* le dijo que era un caso de debilidad nerviosa y tenía que tomar unas píldoras; el *décimo* le dijo que en realidad no tenía nada, ¡y que sus dolores de cabeza eran simples dolores de cabeza! ... Al citar este artículo no estoy queriendo decir que los doctores sean unos ignorantes. Por el contrario, están tan llenos de erudición "que los árboles no les dejan ver el bosque". Esa es una de las razones de que antes o después rechacen un remedio simple en beneficio del complejo, por muy eficaz que haya demostrado ser el remedio simple.

Una objeción final que se puede plantear contra la ingestión de orina (aunque no es un argumento contra su valor terapéutico) es que el sabor debe ser tan "profundamente vomitivo" que sólo los héroes podrían atreverse a beberla. Sin embargo, la suposición es incorrecta. Por ejemplo, el sabor de una orina saludable no es tan desagradable como el de las sales de Epsom. La orina de la mañana es sólo algo amarga y salada. Pero tal como hemos mencionado, cuanto más frecuencia se bebe más inocua se vuelve; y tal como cabría esperar, su sabor varía de día a día e incluso de hora a hora de acuerdo con los alimentos que se han ingerido. Incluso la orina que se pasa en algunas enfermedades graves no tiene un sabor tan malo como su apariencia podría sugerir.

Ahora, tras haber citado testimonios antiguos y modernos del valor terapéutico de la orina, y habiendo tratado las objeciones antes mencionadas, resumiré las evidencias recogidas en muchos años de práctica y experiencia personal de aquellos que están en posición de conocer los hechos reales.

La orina se filtra al entrar en el cuerpo; se hace cada vez más y más pura incluso en un solo día de vivir de ella, más agua del grifo si se necesita. Primero limpia, luego libera las obstrucciones y finalmente reconstituye los conductos y órganos vitales estropeados por la enfermedad. En realidad no sólo reconstituye los pulmones, páncreas, hígado, cerebro, corazón, etc., sino que también repara los revestimientos del cerebro, intestinos y otros, tal como se ha demostrado en el caso de muchas enfermedades "mortales", como la consunción de los intestinos y la peor forma de colitis. En suma, consigue lo que los ayunos a base de agua y zumos de frutas (frente a lo que dicen algunos naturópatas) no pueden nunca conseguir.

La prueba de esta afirmación se encontrará en los historiales presentados en las siguientes páginas.

4. MI AUTOCURACION

Aunque en este libro preferiría evitar el primer pronombre personal, sí quiero ser convincente, y dadas las circunstancias, no me es posible evitarlo. Pues como ya hemos dicho, ¡un gramo de experiencia vale más que una tonelada de argumentos!

Mi primer paciente fui yo mismo. Sucedió así. Durante la última guerra, a la edad de 34 años, me presenté a examen médico bajo lo que se llamaba el Esquema Derby y fui rechazado por cuatro doctores que afirmaban que era consuntivo. Me urgieron, además, para que me pusiera bajo el cuidado de un médico. En consecuencia, consulté con un especialista. Sin embargo, trató mi condición considerando que no era muy grave, diciéndome que era más de tipo catarral que consuntivo y aconsejándome mucho aire fresco, sol y una dieta nutritiva. Seguí su consejo y en un año gané unos 12 kg. Pero como no estaba satisfecho con mi condición consulté con otro especialista, quien me dijo que tenía los dos pulmones afectados y que, a pesar de lo que había dicho el otro especialista, era *consuntivo* y debía mantener mi fuerza con una dieta rica en azúcares y féculas. Finalmente me entró diabetes y me sometieron a un régimen drástico totalmente diferente, que consistía en ayunar cuatro días de cada semana a base de tres litros de agua fría tomada a sorbitos, mientras los otros tres días se me permitía un "bocado" que sólo servía para estimular mi apetito, por no hablar de que masticaba cada trozo en tal grado que acabé con la boca llagada, los dientes doloridos, las encías hinchadas y la lengua abultada. Además de esas incomodidades, sufrí de insomnio, nervios desgastados y temperamento muy irritable. Seguí el régimen ininterrumpidamente durante dieciséis semanas, y aunque me desapareció la tos y las condiciones catarrales, y también una dolorosa ciática que me aquejaba, la cura me parecía más desagradable que la enfermedad. El resultado final fue que, tras dos años de este tratamiento, perdí la fe en los doctores e inicié una serie de aventuras por mí mismo, aunque en gran parte en contra del consejo de los médicos.

No prolongaré esta historia dando todos los detalles; baste decir que, llegado un momento en que me sentía muy débil y enfermo, recordé el texto del V Proverbio, que dice: "Bebe el agua de tu aljibe y los raudales que manan de tu pozo", texto que, a su vez, me recordó el caso de una joven cuyo padre le hizo beberse la orina cuando estaba enferma de difteria, y *se curó en tres días*. Me vinieron otros casos a la mente (de ictericia uno de ellos) que se habían curado con los mismos medios. Eso no fue todo; recordé la respuesta del doctor, unos años antes, cuando le pregunté que cómo podía saber por mi orina que tenía enfermos los pulmones y el páncreas. Recuerdo que, en mi inocencia, le dije: "Si por la orina pierdo azúcar y tejido vital, ¿por qué no beberla y reemplazar de ese modo dichos elementos?" El me contestó que los órganos no podían asimilar "materia muerta". Sin embargo, tal como he demostrado desde entonces, ¡eso sólo era una falacia teórica!

Y llegado a este punto debo hacer una digresión. Reconozco que es dogmáticamente imprudente afirmar que cualquier texto dado de las Escrituras denote esto o aquello, pues muchas personas leen en la Biblia exactamente aquello que desean encontrar. Sin embargo, creo, y sigo creyendo, que el texto que he citado, y muchos otros, hacen referencia al líquido vital que tenemos dentro de nuestros cuerpos; y al creerlo actué de acuerdo con esa creencia, encontrando al final que resultó ser mi salvación física. Fortificado por mi fe en que lo que pensaba era la interpretación correcta del texto, ayuné durante cuarenta y cinco días en los que no tomé otra cosa que orina y agua del grifo... ¡y eso a pesar de la afirmación del doctor de que once días sin alimento era lo máximo que podía resistir un ser humano! También me froté el cuerpo con mi orina, factor éste muy importante en la curación, que trataré en el Cap. 12. Finalmente rompí el ayuno con carne cruda de vaca, y aunque no me dio más incomodidad que un hambre voraz, sin embargo comí con precaución durante un tiempo, y seguí bebiendo mi orina, observando que sus cambios en temperatura, cantidad, sabor, etc. dependían casi enteramente de lo que comía o bebía, y de la cantidad de ejercicio que hacía.

Al final de ese tratamiento me sentía, y era, "un hombre totalmente nuevo". Pesaba 70 kg, estaba lleno de energía y parecía diez años más joven de mi edad, además de tener una piel como la de una joven. Tenía treinta y seis años entonces, y tengo ahora más de sesenta. Sin embargo, gracias a que me bebo hasta la última gota de orina, de que vivo con una dieta bien equilibrada,* y de que nunca como más alimento *per diem* de lo que considero que requiere mi cuerpo, me siento y parezco mucho más joven que la mayoría de hombres de mi edad, manteniéndome libre de esas dolencias mayores y menores de las que se dice que el cuerpo es heredero.

Tras haber relatado los detalles esenciales de mi autocuración y todo lo que contribuyó a su continuación, añadiré simplemente que en 1918, convencido de que el conocimiento no debe "esconderse egoístamente bajo un jarro", sino que debe compartirse con los compañeros, empecé a aconsejar y supervisar en la misma línea los ayunos de otros. Por tanto, el resto de este libro está dedicado en gran parte a los resultados obtenidos con los pacientes de una gran variedad de enfermedades, incluyendo casos de cáncer médicamente diagnosticados, enfermedad de Bright, gangrena y muchas otras que desde el punto de vista ortodoxo se etiquetaban como incurables.

* Ver Cap. 12.

5. GANGRENA

El médico ortodoxo considera sin esperanza de curación a la gangrena, descrita en lenguaje simple como "la muerte de una parte". "La gangrena se ha asentado" es una frase invariablemente aceptada como la última fase que precede inmediatamente al fallecimiento de la víctima. Cuando se produce gangrena después de que se ha amputado un dedo o un miembro, suele ser fatal, especialmente en el caso de personas que han pasado la edad mediana. Sin embargo, he demostrado que se puede curar fácilmente.

Mi primer encuentro con los estragos de la gangrena se produjo en 1891, cuando era un escolar de diez años. Mi compañero de escuela más próximo llevaba varios días quejándose de dolor en la cara cuando le llevaron al dentista para la extracción de una muela situada en la parte trasera de la mandíbula. Desgraciadamente se fue con la muela una parte de la mandíbula y se gangrenó. Le aplicaron medicamentos y ungüentos para reducir (o quizá sería mejor decir *suprimir*) la hinchazón, pero murió diez días después.

Sucedió que en aquel mismo tiempo también tenía yo un carrillo hinchado. Pero el remedio que me aplicó mi madre (que era hija de campesinos, dicho sea de paso), era muy distinto del "científico" que habían aplicado los doctores a mi joven amigo. En realidad mi carrillo hinchado se debía a la picadura de muchas abejas, pues había molestado a una colonia de esos interesantes insectos. De todos modos era muy doloro, hasta que mi madre me lo curó completamente bañándome el rostro con orina y vendándolo con trozos de paño remojados en ese líquido curativo y estrujados. Mi carrillo estaba normal a las pocas horas.

Se le sugirió ese tratamiento a los padres de mi compañero de escuela, pero lo rechazaron con desprecio y expresiones de disgusto. Después he llegado a saber que las compresas de orina, combinadas con su ingestión y el ayuno, hubieran salvado a mi desafortunado amigo.

Un año más tarde, un joven conocido nuestro moría de gangrena, del tratamiento médico que le dieron o quizá de ambas cosas. Mientras estaba enfermo solía ir a leerle, y durante una de mis visitas llegó el doctor. Era un médico muy locuaz y, tras unas palabras de aliento, añadió que quien encontrara una cura para tan temible aflicción merecería una corona de oro. Si hubiera "leído, subrayado, aprendido y digerido" el viejo libro que ya he citado sobre el valor de la orina para *"cualquier herida verde"*, hubiera sabido que ya se había encontrado una cura hacía años. Poco pensé entonces que me sería dado demostrar la verdad de esa frase, ¡y mucho menos se me ocurrió pensar que no recibiría una corona de oro sino, metafóricamente hablando, una de espinas! Pues aunque ello no sea relevante para este libro, he tenido que sufrir por mis doctrinas y su demostración.

En 1920 traté el primer caso de gangrena. La paciente tenía 53 años. Había estado al cuidado de un médico de Bradford bien conocido que era una autoridad en ayunos y dietas. Había tenido anemia, los pulmones mostraban signos de graves perturbaciones y tenía una condición gangrenosa en un pie, con una serie de erupciones cutáneas de varias dimensiones en ambas piernas. Tenía una icteria por la que su tez parecía aurasiática, y el blanco de los ojos estaba amarillo. Tenía el abdomen hinchado y duro, y el cuerpo delgado y flaco casi hasta la demacración.

Aunque el doctor aceptaba que se probara mi método al menos durante un mes, yo no deseaba aconsejar en aquel caso, pues pensaba que se necesitaría un período no menor a sesenta o setenta días para recuperar la salud de la paciente. Sin embargo, para mi sorpresa, algunos hechos estimulantes se produjeron con gran rapidez, dándome la oportunidad de observar que la gangrena está lejos de ser la condición desesperada que el público y los doctores nos han hecho crear.

Después de que la paciente llevara diez días ayunando a base de agua y de su propia orina, frotándose el cuerpo y aplicándose compresas, los riñones e intestinos funcionaban haciendo "horas extraordinarias" y aunque las erupciones habían aumentado eran menos irritables. La respiración se normalizó y tranquilizó, la paciente dormía mejor y, sobre todo, el pie gangrenoso empezó a dar signos de curación.

A los dieciocho días de ayuno el pie estaba totalmente normal; la orina había formado una nueva piel y no había ningún rastro de abrasiones. El pie se había curado sin que ni siquiera quedaran cicatrices.

¿Hemos de sorprendernos por ello, si comprendemos que la orina no es materia muerta, sino, por así decirlo, carne, sangre y tejidos vitales en una solución viva?

Como resultado de esa curación, me invitaron a hacerme cargo de otro caso de gangrena. Se trataba de una mujer de cuarenta años. Su pierna derecha se hallaba en tal estado de putrefacción que el médico le aconsejaba amputación.

El problema se había iniciado dos años antes con una hinchazón del tobillo. Se había achacado a su ocupación, que la obligaba a estar mucho tiempo arrodillada sobre un suelo de piedra. Se había sometido a muchos tratamientos, ortodoxos y no ortodoxos, pero sus aflicciones aumentaban. Sufría de estreñimiento grave, hemorroides, eccema, anemia, insomnio, tics nerviosos, depresión general, boca y lengua llagadas, dolores de cara, erupciones en las esquinas de los labios y, sobre todo, se le habían producido más cavidades en la pierna gangrenosa. Sin embargo, a pesar de sus tribulaciones era una mujer de gran espíritu y no tuve dificultades para persuadirla a que ayunara tomando la orina que pasaba y hasta tres litros diarios de agua *fría* que tenía que beber a *sorbitos*.

Durante los cinco primeros días empezó a desaparecer la penitencia de las erupciones y la piel de todo su cuerpo empezó a parecer más saludable en todos los aspectos. El dolor del rostro desapareció al segundo día, a la tercera noche durmió bien tras varias semanas de insomnio, y al final de la primera semana los intestinos y riñones hacían "horas extraordinarias" y se le curaron las hemorroides. En una quincena no había ningún signo de gangrena y le había crecido una nueva piel en el lugar de las cavidades. La pierna enferma, que había llegado a tener un tamaño que doblaba a la otra, era ahora completamente normal: ¡Ni siquiera una cicatriz le recordaba lo que había sufrido! Después puse a mi paciente recuperada una dieta de uvas, plátanos y tomates crudos durante una semana y en pequeñas cantidades, añadiendo leche fresca o pasteurizada en la segunda semana; en la tercera semana volvió a una dieta normal.

Según mi experiencia, la gangrena suele tener una respuesta mucho más rápida que cualquier otra de las enfermedades "mortales", lo que puede verse en un breve resumen de historiales que inserto a continuación. Debo añadir que casi todos los casos fueron tratados después de que el médico hubiera aconsejado la amputación.

A Mrs. E. se le gangrenaron dedos y pies tras una parálisis producida tras la administración de vacunas. Cuarenta y ochos días de ayuno. La orina curó los pies y dedos en los primeros 20 días.

Mr. D. Gangrena diabética del antebrazo izquierdo. Ayuno de 48 días para la diabetes. Brazo completamente normal tras 18 días. Sin cicatriz.

Mr. J.W.B. (60 años de edad). Gangrena de primera y segunda articulación del pulgar, producida por un martillazo en trabajo de albañilería. Tratado durante 18 semanas como paciente externo en Leeds G.I. Hueso eliminado hasta primera articulación. La descoloración se extiende hasta la muñeca. Ayuno de acuerdo con mi método, aplicación de compresas de orina a toda la mano, muñeca y brazo. Curado en una semana.

Miss C.A. (10 años de edad en 1930). Anemia. Gangrena de ambas piernas tras seguir tratamiento supresivo de psoriasis. Grandes áreas con pérdida de piel y carne viva en ambas pantorrillas. Ayuno de 18 días. Curación completa. No más anemia, no más psoriasis, sin cicatrices en la pierna gangrenosa. Crece cuatro centímetros durante el ayuno. Ahora es miembro del A.T.S. en las H.M. Forces. Altura superior a la media.

Mrs. B. Dedo gangrenoso, también conjuntivitis grave tras un año de uso de atropina. Ayuno 12 días por la gangrena, tras una semana de descanso un segundo ayuno por la conjuntivitis, que se eliminó a los 23 días, 38 años de edad en 1927. Todavía sigue pareciendo tener la misma edad.

Mr. J.I. (54 años de edad. Pulgar cortado por el hueso. El doctor le atendió el mismo día. Se produjo gangrena. La decisión de amputar del cirujano rechazada. Ayuno de 14 días. Cuerpo frotado con orina, emplasto sobre el dedo con orina muy fuerte y vieja. Mejoría tras tres días de tratamiento. Cura completa a los doce días.

Mr. N. (de 55 años de edad). Gangrena tubercular en ambas piernas. Los cirujanos querían amputar los miembros. Su esposa se negó. Condición muy demacrada del paciente. Gran depresión tras el exceso de medicamentos. Ayuno de 42 días de acuerdo con mi método. Ahora camina tan bien como cualquiera y le gusta hacer ejercicio.

Mrs. L. (48 años de edad). Gangrena de ambas piernas y pies tras derramársele una olla grande de aceite hirviendo. Tratados con emplastos durante tres semanas por los médicos. Resultados desastrosos. Ayuno de 28 días, con el tratamiento usual que propongo. Marcada mejoría tras diez días. Vuelta a la salud normal tras una quincena.

Podría citar muchos otros casos, pero no deseo abultar este libro con un número innecesario de historiales, cuando unos pocos bastan para convencer a quien no esté lleno de prejuicios. Creo que puedo decir que lo que he escrito aquí acaba con el dogma de que la gangrena es incurable.

Proporcionaremos ahora evidencias que acabarán con otros dogmas médicos, especialmente el de la "incurabilidad" del cáncer.

6. TUMORES Y CANCER (?)

En 1912, el finado Dr. F. Forbes-Ross, médico londinense plenamente cualificado, escribió un libro titulado *Cancer —Its Genesis and Treatment*. Tras veinticinco años de práctica médica había llegado a la conclusión de que la malignidad y otros tumores se debían a una dieta insuficiente en sales naturales, especialmente potasio. Sometiendo a sus pacientes a una dieta más equilibrada (tal como la que yo propongo) y administrándoles sales de potasio en forma asimilable, curó un gran número de casos de esa temida enfermedad. Sin embargo, después de su muerte, ni un solo hospital ni ninguno de sus colegas se sintieron inducidos a seguir el tratamiento; tan firmemente estaba arraigado el dogma de la profesión médica de que el cáncer se debe tratar exclusivamente con el bisturí o el radio. Su libro está agotado ahora. Sigue estando a la venta en cambio, o al menos hasta fechas muy recientes, el libro de un cirujano, Mr. C. P. Childe, que propone la rápida intervención con el bisturí de cualquier crecimiento que parezca sospechoso. (Véase *Doctors, Disease and Health*, también *Victory over Cancer* y *Health, Diet and Commonsense*, de Cyril Scott.)

No estoy preparado para pronunciarme acerca de los méritos o deméritos del método del Dr. Forbes-Ross, pues no se me ha pedido que lo pruebe. Pero el tratamiento de su libro demuestra el escaso espíritu democrático que predomina en la profesión médica, y debería hacer pensar a los miembros inteligentes de la sociedad en el motivo de que se *siga* diciendo que el cáncer es una enfermedad incurable, ahora que el dogma ya no es cierto ... si es que lo fue alguna vez. Hubiera resultado más veraz decir que muchos *pacientes* aquejados de cáncer no se pudieron curar. Pero como ya he dicho en otro lugar, lo mismo ha sucedido con muchos pacientes aquejados de gripe.

En cuanto al tratamiento quirúrgico de un tumor canceroso, el finado Dr. Rabagliati,* de Bradford, me admitió que en la primera parte de su carrera, antes de que le conociese, había realizado no menos de quinientas operaciones importantes de tumores, pero que la uniforme falta de éxito con el bisturí le había llevado a buscar, por desgracia en vano, otros medios más efectivos de tratar el cáncer.

Mi primer caso de cáncer médicamente diagnosticado fue el de una enfermera de casi setenta años. Había atendido más de cincuenta casos de malignidad en el curso de sus actividades profesionales, y dice poco en favor de la política de extirpar los tumores cancerosos el que, mucho antes de tener ella uno, se hubiera jurado no someterse nunca al bisturí. Era una de las numerosas personas que se hallaban en posición de saber que, por muy doloroso que fuera un tumor *antes* de una operación, ese dolor era suave en comparación con el que se experimentaba *después* de que el cáncer recurriera.

Cuando la vi por primera vez hacía ya varios meses que tenía el tumor, y ya se le había extendido desde ambos pechos bajándole por los dos hombros. Le daba pocos problemas, más allá de algunas punzadas ocasionales. No había consultado con ningún doctor, pero un día que estaba en la cama con gripe se vio obligada a llamar a un médico, quien al examinarla descubrió la condición de su pecho, lamentando que fuera ya demasiado tarde para operar... ¡Y dándole diez días más de vida!

Después el caso llegó a mis manos. La paciente realizó un breve ayuno a base de agua y su propia orina. Duró diez días. Luego le receté una dieta ligera a base de una comida al día, más la ingestión generosa de la orina que pasara. No se observó ningún efecto sobre el tumor; pero la salud general y el ánimo de la paciente mejoraron de manera asombrosa. Posteriormente el tumor dejó de darle problemas. Se retiró a un lugar de la costa a vivir con un pariente que se burlaba de mis teorías, y que, aunque los doctores no habían conseguido curarle su asma, veneraba el santuario de la orto-

---

* El Dr. Rabagliati era bien conocido en la profesión médica, y su nombre se encuentra en muchos libros de medicina publicados.

doxia médica. Mi paciente murió seis años más tarde, dos horas después de que un médico le diese para un catarro unas píldoras de aspecto inocente. Sólo la vi en una ocasión después de 1918-1919.

Desde mi punto de vista, este caso fue, desde luego, insatisfactorio. Pero en cierta medida sirve para demostrar lo que muchos médicos heterodoxos han manifestado: que si no se interfiere los tumores con el bisturí no matan necesariamente al paciente, e incluso pueden no causarle problema.

Se cita un caso en uno de los libros médicos relativo a una anciana que vivió hasta los 96 años con un tumor canceroso en el pecho desde que tenía 40. Varios doctores a los que había llamado por dolencias menores desearon abrírselo, pero ella se había negado siempre afirmando que no le producía dolores ni molestias. Decía además que no creía en el bisturí.

Desde mi primer caso de "cáncer" he tratado, en varias fases de la enfermedad, un gran número de nuevos casos diagnosticados como cancerosos, algunos de los cuales incluso habían sido tratados médica o quirúrgicamente. En consecuencia, he podido recoger muchos datos interesantes sobre el tema, la mayoría de los cuales contradicen las teorías alopáticas y las suposiciones populares. Sin embargo, viendo el dogma de que el cáncer auténtico es incurable, y viendo una ley promulgada que prohíbe a cualquier profano sugerir siquiera que puede curar (o que presumiblemente *ha* curado) la malignidad, debemos suponer que todos estos casos que profesionales de la medicina suponían cancerosos habían sido erróneamente diagnosticados.

Primero mencionaré brevemente en conjunto los casos de cinco mujeres a las que clasificaré como ABC, pues ninguna había tenido un tratamiento previo y los tumores les habían crecido recientemente. Estos casos sugieren, al menos, lo prudente de tomar medidas prontas y correctas. Sin embargo, primero he de poner de relieve que ningún caso de estas pacientes había sido etiquetado de canceroso. No obstante, para asegurarme, hice ayunar a cada una de ellas siguiendo mi método, además de aplicarles compresas de orina, con total éxito; pues además de la desaparición de los tumores, el tratamiento produjo un estado general de salud muy superior al que experimentaban antes de los ayunos. De hecho, sus tumores desaparecieron de modo tan completo que todas quedaron convencidas de que no habían sido malignos; especialmente porque yo evito emplear en mis consultas términos como cáncer, malignidad o incluso tumores. Por otra parte, hay que admitir que no todo nódulo o bulto que se forma en el cuerpo es maligno, aunque sólo un médico tiene la capacidad o autoridad de etiquetarlo como maligno o de otro modo. Por desgracia esta norma produce que muchos bultos comparativamente inocuos sean etiquetados como malignos cuando de hecho no lo son, o que se aconseje una operación en el caso de que *se vuelva* maligno. En consecuencia, cientos de bultos insignificantes han sido tratados quirúrgicamente como si se tratara de una dolencia grave, acabando por producirse un cáncer, pues ni los doctores ni los legos se han dado cuenta todavía de que el mejor modo de atraer la malignidad consiste en la mutilación del pecho femenino o de cualquier otra parte del cuerpo humano.*

Citaré ahora el historial de Mrs. R. (1923). En aquel tiempo estaba comenzando los cuarenta. Condición: anémica, por debajo de la altura media, por debajo del peso normal, bulto del tamaño de un huevo de gallina en uno de los pechos. Diagnosticado como cáncer por el finado Dr. Rabagliati, urgiéndole a la operación inmediata, lo que fue rechazado. Ayuno a base de orina y litro y cuarto de agua fría del grifo al día. El esposo le frota con su propia orina de la cabeza a los pies durante dos horas al día, llevando día y noche sobre ambos pechos compresas de orina. *Curación en diez días.* Vuelve al Dr. Rabagliati doce días después de la última visita y no puede encontrar rastro de anormalidad en el pecho. La anemia también ha desaparecido y la paciente ha recuperado su salud por completo.

He aquí otro caso (1925). Mujer de mediana edad. Tumor de ciertas proporciones situado cerca de la axila. Dos cirujanos aconsejan operación, pero hacen una concesión a la sugerencia de una hija de que la paciente debe descansar y tomar una nutrición muy ligera antes de enfrentarse a la prueba. Por tanto se acordó que la operación se realizaría en el hospital una semana después. Sin embargo, como la hija de la paciente había obtenido un gran benefi-

---

* Por ejemplo, San Francisco es una ciudad quirúrgicamente sobrecargada, tiene muy pocos médicos y cientos de cirujanos. No nos asombramos por tanto cuando leemos que "la mortalidad por el cáncer en San Francisco excede a la de cualquier otra ciudad americana." (Ver *Victory over Cancer*, de Cyril Scott.)

cio del ayuno a base de orina, convenció a la madre de que entretanto probara el tratamiento. *En cinco días no quedaba rastro del tumor.* Debo añadir que dos días después de que la paciente se hubiera presentado en el hospital para la operación llamó el doctor de la familia. Estaba indignado de que hubieran hecho caso omiso de sus consejos y disposiciones, pero cuando examinó a la paciente y vio que su condición era totalmente normal, no tuvo más que decir. Después llamó a sus colegas, los cuales, por decirlo suavemente, quedaron extremadamente asombrados y, humanos como eran, no del todo complacidos. He añadido esta parte de la historia, simplemente, para demostrar que la paciente fue apropiadamente examinada después de su recuperación. En el momento de escribir esto tiene bastantes años más y se encuentra perfectamente.

Puedo citar ahora el caso de una mujer joven a la que le había crecido un tumor en el pecho. Lo cito porque ha sido el período más breve de desaparición de un tumor maligno o una simple glándula lactea hinchada que yo haya presenciado hasta la fecha. Sin embargo, creo que si la paciente se hubiera puesto en manos de médicos le habrían aconsejado una operación, tal como habían hecho en cientos de casos similares. Nada más verla le aconsejé un ayuno con su propia orina y agua del grifo y compresas de orina; en suma, el procedimiento que aconsejo habitualmente. *Al cabo de cuatro días el tumor había desaparecido completamente.*

Mencionaré ahora el caso de una señora que vino a verme en 1927. Es instructivo por cuanto que demuestra otra vez más que las operaciones simplemente tratan los efectos y no eliminan del cuerpo la causa de la enfermedad. Aquella señora tenía 45 años, era bastante robusta y tenía un tumor de cierto tamaño en su pecho izquierdo, *habiéndole quitado el derecho dos años antes por un tumor similar.* Ayunó y fue tratada de acuerdo con mi método durante 19 días, tras los cuales informó que el tumor le había desaparecido totalmente. Como seguía siendo bastante robusta, le aconsejé que siguiera el ayuno. Al día 28 la examiné, no encontré rastro alguno del bulto y vi a una mujer que parecía mucho más joven y con una menor figura de matrona.

El siguiente caso sirve para demostrar que el mismo método puede curar dolencias que no parecen tener conexión alguna entre sí. Una señora joven vino a verme con una hinchazón en el pecho derecho, cerca del centro del cual había un bulto feo y de aspecto sospechoso. Tenía también dos grandes úlceras bajo la axila. El médico de cabecera le había pedido que fuera al hospital para someterse a observación, pero ella se negó, pues su madre había aceptado un consejo similar, había sido operada... y después enterrada. Además, ella misma, habiendo sufrido de peritonitis crónica, se había sometido a la extracción del apéndice sin curarse de la peritonitis. Empezó ayunando durante cuatro días siguiendo mi sistema, pero tuvo que romper el ayuno para satisfacer a sus insistentes parientes. Sin embargo, tres días después reanudó el ayuno y esta segunda vez lo mantuvo por 19 días. Después del décimo día había ya una notable mejoría, y al final de los 19 días no quedaba rastro alguno del bulto del pecho ni de las úlceras de su axila. Ni siquiera quedaba la cicatriz. Pero la peritonitis no se había eliminado (quizá por el tejido cicatrizante resultante de la operación de apendicitis), por lo que poco después ayunó durante 35 días. Esta vez obtuvo el resultado deseado.

Estos historiales deberían servir para demostrar que la naturaleza cura con mayor eficacia que los llamados métodos científicos que implican la mutilación. Si las personas que observan bultos sospechosos en sus cuerpos recurrieran a estos métodos naturales que he subrayado, y recurrieran a ellos enseguida, la naturaleza no les fallaría. Pero los que esperen a última hora, quizá tengan que pagar por su obstinación.

De todas formas, pienso que el dogma que afirma la fatalidad del cáncer tardará en morir, pues en cuanto un caso es curado por cualquier método, se tiende a afirmar: "Entonces no podía ser cáncer." Los doctores que recurren a esta frase no se dan cuenta de que están disminuyendo la capacidad de diagnosis de los médicos o cirujanos ortodoxos. ¿Qué se puede hacer ante la admisión de los autores de *The Breast*, los doctores Dearer y Macfarland, quienes escribieron?: "He operado unos mil casos de cáncer y todos menos seis han recurrido, y esos seis no eran cánceres."Y más adelante: "Los malos resultados obtenidos por la cirugía en cualquier caso de cáncer *son bien conocidos por la profesión.*"(Dr. G. E. Ward, Howard Kelley Hospital. Baltimore. El subrayado es mío.) Pero si esos malos resultados son tan conocidos, ¿por qué la profesión sigue proponiendo el bisturí, ignorando a los que obtienen buenos resultados sin cirugía, como fue el caso del Dr. Forbes-Ross y de otros desde su muerte? Habría que mencionar aquí al Dr. W. F.

Koch, de Detroit, quien durante un período de más de 20 años ha curado cientos de casos de cáncer, tanto externos como internos, mediante una sutil fórmula química. Sin embargo, lejos de ser reconocido por el Orthodox Cancer Ring estadounidense, se han burlado de él e incluso le han perseguido. ¿Por qué tiene que ser así?

Dejo al lector inteligente que saque sus propias conclusiones y procedo a citar uno o dos casos en los que los doctores recomendaron el uso del bisturí aunque tenían muy pocas esperanzas de recuperación, si es que tenían alguna. Estos casos consistían en tumores en otras partes del cuerpo, pues hasta ahora sólo hemos mencionado casos de mama. Como el lector estará familiarizado ya con el tratamiento, daré simplemente los detalles más simples.

Joven de 28 años, en 1920. Se le dan tres días de vida. Condición diversamente diagnosticada como cáncer de esófago o enfermedad venérea. Cura completa. El paciente aún vive.

Señora de 62. Diagnosticado cáncer de intestinos. Colotomía aconsejada y rechazada. No llegaba a los 38 kilos y se desgastaba rápidamente. Curada en tres semanas. Cuando escribo esto tiene 84.

Señora de 42. Diagnosticado cáncer de mama. Excisión aconsejada, seguida por un régimen estricto; pero sólo se le ofrecen débiles esperanzas de curación. La paciente se niega a operarse. Curación completa con el ayuno de orina. Todavía vive y sigue encontrándose bien después de 21 años.

Señora de 40. En 1935 contrae el tipo de tumor conocido como "cáncer de cuerda". Los cirujanos piden la inmediata excisión, pero sin ofrecer esperanza de una curación permanente, alegando que es prácticamente inevitable el regreso y extensión de los tumores. Curada con el ayuno de orina, etc., en 23 días. No sólo sigue encontrándose bien, sino que parece joven y hermosa.

Al lector puede serle de interés que le cite lo que el Dr. Rabagliati —ese médico franco, ilustrado y de mentalidad abierta— dijo con respecto al tratamiento de tumores y cánceres diagnosticados con los métodos que he subrayado.

"He examinado mujeres a las que según el tratamiento ortodoxo se les tendría que haber estirpado uno o ambos pechos. Esos felices mortales declinaron mi consejo, se sometieron a la terapia de orina y volvieron a mi sala de consulta sin siquiera una cicatriz que sugiriera la curación de la 'malignidad incurable'.

A muchas de esas mujeres les desaparecía el bulto o bultos en una quincena, a algunas en solo cuatro días; todo lo cual sugiere que Mr. Armstrong tiene probablemente razón en su sugerencia de que la mayoría de los bultos no son malignos hasta *después* de que han sido interferidos medicinal y quirúrgicamente, y que en las fases incipientes, los llamados Reyes del Terror ... son algo muy ordinario si se atacan prontamente ... del modo correcto ... el modo de descomponer los forúnculos, úlceras, tumores y cánceres en la corriente sanguínea ...

Sin embargo, aunque algún profano reivindique y produzca mil curaciones de casos, dudo que ello impresione a mi profesión; incluso las afirmaciones de mejora de las víctimas de cáncer son abiertamente ridiculizadas o ignoradas. Es una triste reflexión el que mi profesión medre con la enfermedad y con la inhumana propaganda del alarmismo oficial y la promesa de un mañana, algún otro día, o *nunca*, para las enfermedades que mi profesión y otros han explotado hasta ahora."

Algunas teorías predominantes con respecto a la causación del cáncer, etc.

Para aliviar la monotonía de un recital ininterrumpido de historiales en este libro, fijaremos por unos momentos la atención en las diversas teorías existentes sobre las causas del cáncer, con el fin de ver si guardan alguna relación con mi tesis.

Como el cáncer se produce con menos frecuencia entre los vegetarianos, algunos carnívoros entusiastas declaran que el consumo de carne es la causa primordial de la malignidad. Pero si ello fuera cierto, todas las personas salvo los vegetarianos (a menos que murieran antes de la edad en la que se dice se suele desarrollar el cáncer) sucumbirían sin excepción ante sus estragos. Además, algunos vegetarianos mueren de cáncer. "Bueno, pues en cualquier caso", responden los vegetarianos, "comer carne favorece la enfermedad en el cuerpo humano, y, como mantenía Sir Arbuthnot Lane, el cáncer no se puede desarrollar en un organismo saludable. Si un hombre que ha sido vegetariano durante mucho tiempo empieza de pronto a comer carne, se poducen perturbaciones. Puede citarse el caso de un vegetariano que afirmaba que debía haber alguna grasa animal en cierta marca de galletas de sabor bastante inusual, pues siempre que consumía una se le producía un ligero ataque de fiebre". Quizá, pero en contra de ello puedo citar el caso de un joven que, habiendo vivido durante un largo período con una dieta que incluía carne pero excluía pastas y chocolates, tenía forúnculos y erupciones cutáneas en cuanto comía esos alimentos. Según ese razonamiento se podría argumentar que las pastas y chocolates producen esas perturbaciones y favorecen la enfermedad, por lo que son la causa del cáncer. Al igual que hubo un tiempo en el que algunos pensaron que los tomates eran su causa.

La verdad es que los deseos han jugado su papel en la malignidad, lo mismo que en otras cuestiones de intereses creados. Los vegetarianos quieren creer que comer carne es "la raíz de todos los males", y ven en ello la causa de la malignidad y de toda una serie de dolencias.

Pero si examinamos el asunto con sentido común, otra explicación parece ser más razonable. Los vegetarianos sensatos viven con una dieta menos desnaturalizada que la generalidad de los carnívoros, y por tanto es menos probable que desarrollen cáncer. En cambio, los vegetarianos "acientíficos" que viven sobre todo de macarrones, alimentos feculosos, vegetales cocidos en lugar de vaporizados, y de pastas, budines, etc. de harina blanca, viven de una dieta desnaturalizada en la misma medida que los que lo hacen a base de esos alimentos-basura más carne, y muy a menudo sólo enlatada.

La causa del cáncer debe ser obvia a los que "son como niños" y no se ciegan a la verdad con las anteojeras del aprendizaje pseudocientífico, dejando de ver lo *simple* por hallarse tan preocupados con lo *complejo*. Aún así, al final algunos de ellos se ven obligados a recurrir a lo simple. ¡Tras escribir un enorme tomo sobrecargado de teorías conflictivas y pronunciamientos dogmáticos de los investigadores ortodoxos y heterodoxos del cáncer, el profesor F. L. Hoffman (de U.S.A.) llega a la sopredente (!) conclusión de que, después de todo, el alimento puede tener alguna relación con la incidencia del cáncer!

Y sin embargo, aún concedido esto, en la mayoría de los casos la causa no es el alimento que la gente consume, sino la insuficiencia de aquellas sales minerales esenciales que se encuentran en los alimentos que *no* consumen, pero que deberían consumir para mantener la sangre y los tejidos en una condición saludable.

Conozco el descubrimiento que se ha hecho (*no* por el Cancer Ring) de que algunas personas que han vivido durante algún tiempo en una casa situada sobre una corriente subterránea han acabado teniendo cáncer —observación que puede explicar el término de "casas de cáncer"—, pero todavía tenemos que describir si esas personas hubieran desarrollado cáncer de haber vivido con una dieta bien equilibrada. También sería instructivo descubrir si aquellos casos de desaparición "espontánea" de tumores cancerosos se han producido tras mudarse a otro lugar. Sobre tales casos, el bien conocido cirujano Mr. Hastings Gilford escribió (en 1925) estas significativas palabras: "Aunque el cáncer suele considerarse como inevitablemente fatal, se han registrado muchos casos de desaparición "espontánea", y nada puede ser más cierto que esos casos registrados son muy pocos en comparación con los que han quedado sin registrar." (!) Admisión esta nociva, dicho sea de paso, que sugiere, como Mr. Ellis Barker y otros ya han sugerido, que la profesión médica y el Cancer Ring pueden estar deseosos de que el público conozca la auténtica verdad sobre la malignidad.

Podemos citar aquí otra teoría: que el uso excesivo de la sal común (que *no* es un alimento) conduce al cáncer. Según "The Biochemic System of Medicine", hay por lo menos doce sales minerales importantes presentes en los tejidos y sangre humanos saludables. ¿Por qué, entonces tomar *una* de esas sales y administrarlas en la forma cruda que la naturaleza nunca quiso, y en cantidades en las que no existe en los alimentos naturales? Además, si el cáncer es un crecimiento fungoide, tal como se ha mantenido, seguramente habrá que sacar alguna conclusión del hecho de que los horticultores rieguen los champiñones con soluciones calientes de agua y sal con el objeto de aumentar la producción. Otro punto sugerente es que, a pesar de ingerir grandes cantidades de sal en su forma cruda, los tejidos de las personas que viven con una dieta mal equilibrada o desnaturalizada pueden registrar, sin embargo, una insuficiencia de cloruro sódico, o sal común. El cloruro sódico es necesario, e inocuo por tanto, a los tejidos en cantidades tan pequeñas como las que se encuentran en los vegetales, ensaladas, etc., pero es nocivo cuando se ingiere a modo de condimento. Relativamente, lo mismo puede decirse del hierro; el fosfato de hierro es una de las doce sales de los tejidos. Sin embargo, mientras los practicantes del *Biochemic System of Medicine* curan frecuentemente la anemia dando dosis infinitesimales de fosfato férrico, el alópata, al suministrar dosis demasiado grandes, simplemente perturba la digestión del paciente y no cura el problema.

Todo esto señala de nuevo la verdad simple de que todas las enfermedades, desde la anemia al cáncer, siempre que no estén producidas por alguna alteración estructural o alguna causa psicológica profundamente asentada, tienen su origen en una alimentación equivocada.

Sería difícil determinar en qué medida los pensamientos de miedo conducen al cáncer. Pero en cualquier caso el miedo es una emoción desagradable, además de nociva si se mantiene demasiado tiempo. Pero desgraciadamente la profesión médica, con sus métodos publicitarios, promocionan aquello mismo que deberían evitar, tal como dice la Dra. Marie Stopes en una carta al *The Yorkshire Post* del 4 de agosto de 1938. Refiriéndose al informe de un discurso de Lord Horder sobre los charlatanes de la medicina, la doctora escribió:

"Como yo no utilizo esas medicinas pero creo en el juego limpio británico, pido a sus lectores que consideren que a) Lord Horder ponía objeciones primordialmente al "miedo" creado por la publicidad charlatana: pero seguramente todos esos miedos menores, unidos, no serán tan graves como el miedo al cáncer, creado totalmente por la profesión médica, cuya publicidad está en sus manos y en las de los hospitales reconocidos; b) que todas las medicinas de los charlatanes sólo se tragan o frotan, y no pueden hacer a nuestra raza una fracción del daño terrible que hacen las inyecciones de la profesión médica en la corriente sanguínea y tejidos de virus activos, suciedad y antitoxinas. Lord Horder pone objeciones a la "inescrupulosa publicidad", pero la publicidad menos escrupulosa que he visto nunca fue lanzada recientemente por la profesión médica cuando aconsejaba al público ese veneno, la leche pasteurizada.

Seguramente el discurso de Lord Horder es un ejemplo soberbio de la olla que acusa de ennegrecida a la tetera."

La carta habla por sí misma. Y a propósito de los charlatanes, lo es en el peor sentido de la palabra el hombre que afirma curar lo que sabe que no puede curar. Antes de que fuera ilegal para mí tratar el cáncer, nunca afirmé poder curar a nadie que se hubiera sometido al tratamiento de radio. El tratamiento del cáncer era un juego de niños en comparación con el tratamiento de los efectos secundarios del radio, y si hubiera ofrecido alguna esperanza de curación a esas personas habría sido un charlatán impostor del tipo más descarado.

7. ENFERMEDAD DE BRIGHT: HISTORIALES

La enfermedad de Bright se define como "una condición mórbida de los riñones"; el término es genérico e incluye varias formas de enfermedad crónica y aguda del riñón, asociada usualmente con albúmina de la orina, y frecuentemente con hidropesía, así como con varios síntomas secundarios. Se dice que sus causas son "los efectos de la fiebre, especialmente de la escarlatina, la exposición a la humedad y el frío, como causa contribuyente sólo, la acción de medicamentos irritantes, alcohol, etc. El Dr. G. Johnson encontró, mediante un análisis de 200 casos, que las bebidas intoxicantes causan el 29 por ciento de todos los casos, y que el 12 por ciento surgen de la escarlatina." (Dr. E. Harris Ruddock, M.D., *Vade Mecum.*)

De acuerdo con *The Biochemic System of Medicine* (G. W. Carey, M.D., de U.S.A.), la enfermedad de Bright está causada primordialmente por la falta de fosfato cálcico. Escribe: "Cuando las moléculas de fosfato cálcico caen por debajo de la cantidad habitual, la albúmina con que están asociadas queda fuera de circulación, y si llega al mundo exterior a través de los riñones se produce un caso de albuminuria".

Según los practicantes de este Sistema, el principal remedio es por tanto el fosfato cálcico, administrado en dosis infinitesimal, tal como lo administraría la naturaleza en los alimentos que no están desnaturalizados por procesos de refinado. Dicho de otro modo, la

---

* Enfermedad renal a la que se dio el nombre de Bright *(morbus Brightii)* por el médico inglés que la analizó desde 1827 relacionando los cambios patológicos del riñón con las alteraciones químicas de la orina y los cambios clínicos. *(N. del T.)*

ENFERMEDAD DE BRIGHT: HISTORIALES

enfermedad de Bright está producida por una insuficiencia dietética, es decir una dieta que carece de las sales minerales esenciales para mantener saludables la sangre y los tejidos. Citemos de nuevo al Dr. Carey: "Los bioquímicos han demostrado claramente el hecho de que cuando se produce una insuficiencia de las sales celulares de la sangre, la materia orgánica con la que esas sales han estado asociadas es puesta fuera de la circulación vital." Es digno de mención que el *Sistema Bioquímico de la Medicina* afirme ser capaz de curar las enfermedades de insuficiencia, pero pone de relieve que no puede hacerlo con los efectos de la glotonería.

La incidencia de esta enfermedad se retrotrae a los primeros tiempos, pero aumentó considerablemente desde el siglo pasado, y en sus peores formas ha sido la causa de numerosas muertes.

Resulta singular que durante los tres primeros años de mi carrera como terapeuta de la orina, aunque había contactado ya con numerosos casos de cáncer, diabetes, tisis y enfermedad vascular del corazón, hasta 1920 no me enfrenté ni una sola vez con un caso auténtico de la enfermedad, de la que la hidropesía es sólo un síntoma. (La hidropesía se produce también en otras enfermedade.)

Mi primer caso fue una de las mayores pruebas que he experimentado desde entonces. He aquí los detalles particulares:

Mrs. C. 40 y pocos años. Los doctores le han dado dos días de vida. Respira con dificultad. La orina muy escasa, espesa, y pareciendo una mezcla de sangre y pus. Ha sido una mujer muy hermosa, a juzgar por las fotografías tomadas un año antes. El peso normal para una mujer de su altura hubiera sido de unos 70 kg., pero cuando la vi por primera vez pesaba más de 130 kg. A pesar del veredicto del doctor, no me parece que sea una moribunda, aunque su condición era muy grave y dolorosa. Por fortuna tenía dos enfermeras mayores y humanas que, a pesar de su profesión, tenían poca fe en el tratamiento medicinal y médico. Nunca me excederé hablando de la mentalidad amplia con que esas dos mujeres me ofrecieron su plena cooperación. A juzgar por los contenidos de la mesa de las medicinas, no es sorprendente que hubieran perdido la fe en las medicinas, pues tal era la serie de frascos que me indigné por el modo en que se había "experimentado" con la desafortunada paciente. Sin embargo, fortalecido en condiciones locales mucho peores de afecciones cardíacas, dificultades respiratorias, estasis, etc., le prometí un rápido alivio de los síntomas más molestos, y le predije que aumentaría por lo menos cien veces su capacidad urinaria en sólo una semana: tan poderoso es el efecto de beber su *propia* orina que sirve para deshacer las congestiones en todas las partes de su cuerpo.

Mi predicción se hizo cierta. En cuatro días el flujo de orina había aumentado de apenas dos onzas (muy fuerte en aroma, caliente, espesa y nubosa) a unas 200 onzas diarias. Además, empezó a convertirse en un líquido mucho más claro, de aspecto próximo al de agua de lluvia. Al cuarto día de haberse bebido todo lo que pasaba, su orina era prácticamente insípida, inodora, y nada objetable en ningún sentido de la palabra.

Además, de la orina, Mrs. C. podía tomar, a sorbitos, toda el agua del grifo que deseara, lo que llegó a ser un volumen de 108 onzas en 24 horas; aunque debo añadir que tras el tercer día la sed casi había desaparecido.

Desde el cuarto día en adelante había desaparecido toda la ansiedad que yo había sentido sobre el caso, y salvo por breves e infrecuentes visitas, dejé el tratamiento en las manos de las dos inteligentes y cooperadoras enfermeras.

A los 23 días la paciente mostraba tales signos de una recuperación completa que una de las enfermeras me rogó probar el efecto de un poco de zumo de zanahoria rallada saborizado con limón. El resultado fue un retroceso. A las dos horas apareció en cada brazo una erupción que cubría un área considerable y que causaba mucha irritación. Al mismo tiempo se detuvo el flujo de orina y tenía una gran hinchazón e irritación en el abdomen. Colocaron en el área abdominal paños humedecidos en la orina de una de las enfermeras, frotando suavemente y bañando con el mismo líquido los dos brazos. A las cuatro horas el abdomen absorbió la humedad de las compresas de orina y se reinició el flujo urinario. Esta operación se realizó intermitentemente y al día siguiente, salvo por lo que respecta a la erupción e irritación, la condición de la paciente era la misma que antes de haber tomado la zanahoria. La erupción tardó casi una semana en desaparecer.

Uno de los rasgos de la terapia de la orina consiste en frotar con orina todo el cuerpo del enfermo a intervalos dados y durante dos horas; siempre que el paciente no esté tan débil que no pueda soportarlo. A Mrs. C. la frotaban dos veces al día durante dos horas con la orina de alguna de las enfermeras. El día 48 la paciente había recuperado de tal modo la normalidad que rompió el ayuno tomando el zumo de una naranja al mediodía y una naranja chupada a las cuatro de la tarde. Ese mismo día vació y tomó orina libremente, lo que significa que todo estaba ya en buen funcionamiento. A las seis treinta tomó un trozo pequeño de pescado vaporizado y dos patatas cocidas con sus pieles. Pesaba ahora algo más de 55 kg. Al día siguiente hizo dos comidas pequeñas, que tenía que masticar hasta transformar en pulpa antes de tragar. Una semana después estaba de pie y vestida con la ropa de un año antes, pudiendo andar libremente de una habitación a otra.

A pesar de haberse recuperado mantuvo la costumbre de beberse su propia orina y de frotarse con ella el cuerpo (las áreas más importante son el cuello y el rostro) con asombrosos resultados sobre la piel, el pelo, la tez y su apariencia general. Ciertamente, la orina es el alimento de la piel por excelencia, además de un remedio para todas las enfermedades cutáneas.

¡Aquí termina el largo historial de Mrs. C., a quien sólo habían dado "dos días de vida"! Dicho sea de paso, su marido y las dos enfermeras se convirtieron en conversos de la terapia de orina y de una dieta bien equilibrada, opuesta a la dieta desnaturalizada.

El caso de Mrs. C. atrajo mucha atención del público profano, pero no, tal como yo había previsto inocentemente, de la fraternidad médica. Pues como ha señalado el Dr. Freud, descubridor del psicoanálisis, con independencia de lo poderosas que sean las evidencias, muchas personas sólo se permiten creer lo que *desean* creer, y no creen aquello en lo que no desean creer. De todos modos, hay circunstancias atenuantes por lo que respecta a la profesión médica. Hasta que se haya trabajado mucho para poner fin a la gazmoñería, es muy probable que si un doctor les dijese a sus pacientes que ayunen y se beban su propia orina, sea considerado como desagradable o loco y los pacientes busquen inmediatamente el consejo de otro doctor. Por otra parte, ¿por qué motivo busca la gente en su mayoría el consejo de un médico? Para que le digan cómo contrarrestar los efectos de su autoindulgencia. Si un doctor les dice que debe abandonar esto o aquello, acuden inmediatamente a otro doctor que les diga que no deben abandonarlo: y complacidos con ese consejo, lo siguen ... muy a menudo para su propia inconveniencia.

El caso de Mr. C. fue fundamental para el tratamiento del caso de Mrs. B., cuya condición había sido también diagnosticada como enfermedad de Bright. Mr. B. había sustituido durante dos años con la usual dieta insuficiente y mal equilibrada, que se había hecho aún más deficiente por un cocinado despilfarrador de los alimentos, y más "sabrosa" por el añadido de condimentos. No era un gran comilón, pero se tomaba ocho tazas de té al día y fumaba por término medio unos veinticinco cigarrillos. Cuando vino a verme en 1920 le habían tratado dos doctores durante algún tiempo, período éste en el que su peso había aumentado de 124 a 190 kg. Como a Mrs. C., al final le habían dado sólo dos días de vida.

En junio de 1920 inició un ayuno que duró 49 días. Al cuarto día pasaba una orina casi tan insípida e incolora como el agua de lluvia y sus hinchazones empezaron a desaparecer con soprendente rapidez. Había estado anémico, pero a las siete semanas su anemia había desaparecido. No llegaba ahora a los 50 kg. y parecía en todos los aspectos tan joven como 20 años antes. (Así lo demostraban sus fotografías.)

Mr. B. rompió su ayuno como lo había hecho Mrs. C., y como ella se hizo un converso de la terapia de la orina y una dieta bien equilibrada y frugal; es decir, abandonó los alimentos desnaturalizados y siguió bebiéndose su orina todos los días con los resultados más gratificantes.

Ese mismo año se me presentaron más casos. Mr. W. (75 años en aquella época), Mrs. L. (38), Mr. B. (55) y también un muchacho de 11 años. Todos los casos presentaban rasgos dignos de un largo historial, pero seré breve. Mr. W., a pesar de su edad, ayunó durante 53 días, lo que sirve para demostrar que la edad no es un obstáculo. Mrs. L. 42 días y Mr. B. 60 días. En el caso del muchacho, una quincena fue suficiente para efectuar una curación. Todos los casos tuvieron el mismo final feliz que el de Mrs. C. Permítaseme añadir aquí que la política de forzar a los enfermos a comer "para mantener sus fuerzas" es, en mi opinión, la responsable de miles de muertes tempranas. El alimento no puede ser asimilado por un cuerpo enfermo que está ya repleto de materia obstructiva. El único "alimento" para los enfermos en la orina, dado que, entre otras funciones, reemplaza los tejidos de un modo que ninguna otra sustancia lo consigue. En cuanto a las medicinas, muchos de los venenos empleados tienen graves efectos acumulativos para los que no hay antídotos.

Después de 1920, durante los dos años siguientes, aconsejé en más de treinta casos de enfermedad de Brigth y otras afecciones de la vejiga y los riñones, y en ningún caso fueron precisos ayunos de orina de entre cuatro y catorce días para recuperar la normalidad y un satisfactorio estado de salud general. Como esos casos respondieron al tratamiento mucho más rápidamente que los anteriormente mencionados, los clasifiqué en mis notas como casos ABC.

Citaré brevemente uno de los casos más graves. Un hombre de 60 años, tras dos años de supervisión médica y tratamiento constante del corazón, contrajo la enfermedad de Bright. Finalmente, abandonado por sus dos doctores, llamaron a un especialista. Este vio a la víctima en la fase en que sus ojos sobresalían, la lengua estaba terriblemente hinchada y sobresalía de la boca y los labios eran tres veces su tamaño normal. Los especialistas dijeron que el caso no tenía esperanzas. No se podía hacer nada más. Me hice cargo del caso. El paciente pasaba 20 litros de agua cinco días después y, curado, volvía a su trabajo a las seis semanas.

8. UN CASO DE LEUCEMIA

(Anemia esplenica)

El fallecido Louis Kuhne, de Leipsic, notable naturópata, afirmaba que la enfermedad era unidad, y que con significativas variaciones debía ser tratada siempre del mismo modo. Mantenía que todas las enfermedades, con independencia de sus nombres o localizaciones, surgen invariablemente de la misma causa, esto es, de una carga de materia extraña en el cuerpo. Decía que era absurdo tratar separadamente un órgano (tal como suelen hacer los especialistas) pues, como es innecesario decir, todo órgano o miembro es parte del cuerpo, ¡y pensar que se puede curar un ojo, un brazo o una pierna tratándolos sólo localmente es la cima de la locura seudocientífica! Si un ojo ha enfermado, hay algo en el cuerpo mismo que está causando esa enfermedad. Por ejemplo, cita el caso de una mujer que iba a quedar ciega. Trató todo su cuerpo, haciendo desaparecer las "obstrucciones", y el problema ocular desapareció automáticamente. La paciente había sufrido durante años de hemorroides sangrantes. Los médicos ortodoxos la habían operado. Poco después empezaba a perder su vista. La válvula de seguridad había quedado bloqueada con esa medida, es decir, la operación, y los venenos se concentraron en sus ojos. (Véase *The New Science of Healing.*)

Kuhne llevó a cabo muchas notables curaciones con su método, pero aún hubiera realizado más de haber conocido el valor de la orina como medio de reemplazar el tejido perdido. Sin embargo, estaba en los cierto cuando afirmaba que todas las enfermedades (salvo las producidas por traumatismo o defectos estructurales) se podían curar con un solo medio, tal como yo mismo he demostrado. El *nombre* de la enfermedad tiene un interés simplemente académico, y no tiene nada que ver con su curación. No obstante, en bien de la conveniencia, y para demostrar este hecho, he especificado las enfermedades tratadas, y daré ahora los historiales de lo que recibe el nombre de leucocitemia o leucemia.

El paciente, Mr. P.C., fue traído en un taxi a mi casa por dos de mis "discípulos". Estaba demasiado enfermo para entrar en mi habitación sin ayuda, parecía muy pálido y desgraciado, y resultaba obvio que se encontraba en muy mal estado. Tenía 48 años y había perdido 25 kg. en un año, y seis más durante unas semanas de tratamiento médico.

Tras examinarle, le dije: "Su condición es médicamente clasificada como leucocitemia o anemia esplénica, y de acuerdo con la profesión médica sólo le quedan tres meses de vida. Su enfermedad ha sido producida por una dieta mal equilibrada y desnaturalizada. Sin embargo, puede salvarse mediante el ayuno y la terapia de la orina". Seguí explicándole los detalles. Entonces me contó su historia, cuyo resumen es el siguiente:

Poco antes de la Pascua de ese año (1927) había tenido un catarro por el que se había "automedicado". Para el Jueves Santo su codición era tal que su esposa y hermano se habían alarmado y habían llamado a un joven médico que le había diagnosticado tensión alta. Sin embargo, en un segundo examen realizado al día siguiente dijo que no era tensión alta y que había encontrado rastros de otros síntomas, que no particularizó. Llamaron entonces a un especialista. Examinó al paciente y señaló al médico de cabecera la hinchazón de la región del bazo, diagnosticando el caso como leucocitemia. Informaron entonces a Mr. P.C. que la enfermedad era rara en Inglaterra, preguntándole si había ido a los Trópicos de Oriente. A los parientes les dijeron que esa enfermedad era siempre fatal, pero que podría vivir de tres a seis meses recibiendo un tratamiento intenso de rayos X, medicinas y una serie de inyecciones. (No hicieron mención de la dieta, salvo que el hígado sería bueno para el paciente.) Mr. P.C. acudía a la enfermería local, en donde fue examinado en varias ocasiones por los médicos visitantes, quienes se interesaron en él como un "espécimen algo raro". Todos se mostraban unánimes en cuanto al nombre de la enfermedad y el tiempo que le quedaba de vida. Su sangre fue analizada por el departamento de patología, que encontró por milímetro cúbico 556.000 glóbulos blancos más que rojos.

Tal era la situación cuando Mr. P.C. vino a verme, cinco semanas después de que la enfermedad hubiera recibido su polisilábico y sonoro nombre.

Mr. P.C. no era un paciente fácil y no estaba dispuesto a ayunar sin interrupción por un período tan largo como el que consideraba esencial para su grave condición, que se había complicado con el tratamiento de rayos X recibido. Sin embargo, aunque sólo ayunó durante una semana, durante la cual le frotaron con orina su esposa y amigos durante largos períodos (y desde luego no omitió la parte esencial del tratamiento, consistente en beberse su propia orina), mejoró tanto que podía caminar por la casa sin ayuda. Su mejoría fue tan notable que, bajo presión, consentí en que rompiera el ayuno, siempre que yo dictara qué y cuándo podía comer, y que no se abandonaran los frotamientos y la ingestión de orina. Durante la semana siguiente su alimentación consistiría en frutas frescas (principalmente manzanas, naranjas y plátanos), ensaladas, tomates, vegetales *vaporizados*, patatas con sus pieles, leche fresca sin pasteurizar y miel; todo debía ser consumido en pequeñas cantidades. Posteriormente se le permitirían carnes y pescados vaporizados, etc., en suma, una dieta bien equilibrada en la que no entraba ningún tipo de carnes enlatadas o muy hechas. Seguiría bebiéndose su orina. Todo esto lo cumplió fielmente.

Seis días después del día en que lo vi por vez primera se hizo un nuevo análisis de sangre. Mientras el primero había indicado que había 556.000 glóbulos blancos por encima de los rojos por milímetro cúbico, ahora mostraba menos de la mitad de esa cantidad. Mr. P.C., se alegró tanto con ese informe que consintió en nuevos ayunos de una semana de duración. Así, durante las seis semanas siguientes realizó ayunos de siete días de duración. El tercer y último análisis de sangre reveló que el contenido de ésta era totalmente normal. Poco después de las doce semanas que duró el tratamiento, Mr. P.C. regresaba a su trabajo.

Sin embargo, la historia no tuvo un final feliz. A pesar de que le había dejado bien, claro que su condición había surgido por una dieta mal equilibrada, con el curso del tiempo (como me enteré más tarde) volvió a su vieja costumbre de comer cualquier "basura" que le "apeteciera". Aunque durante los dos años posteriores al tratamiento, en los que no se tuvo que enfrentar ni siquiera con un catarro, mantuvo una alimentación racional, tras esos dos años volvió a sus hábitos y, a pesar de unos forúnculos y catarros a modo de advertencia, no prestó atención y murió durante un tratamiento médico por gripe seis años después de haberse recuperado de su grave enfermedad.

Verdaderamente, "el camino del transgresor es duro".

A propósito del caso de Mr. P.C., fui destinado a perder un viejo amigo del colegio del mismo tratamiento médico fatal de la anemia esplénica. Había estado sometido durante algún tiempo a rayos X intensos por esta enfermedad, y enterado de mi éxito con P.C. decidió someterse al ayuno y la cura de orina. Pero era demasiado tarde. ¡Murió en su casa atendido hasta el final por bienintencionados pero, ay, engañados profesores del arte curativo, que pensaban que la ciencia es más poderosa que la naturaleza.

9. ENFERMEDADES CARDIACAS: CASOS

Aunque, tal como estimulantemente escribe Mr. Ellis Barker, los pacientes con una enfermedad valvular del corazón, con cuidado y una dieta bien equilibrada, pueden vivir incluso hasta los 90 años, sin embargo se dice que la enfermedad como tal es incurable. Pero con la terapia de la orina esta penosa enfermedad se puede curar completamente. El historial siguiente resulta instructivo.

Mr. P. (mediana edad). No sólo llevaba un año bajo supervisión médica aquejado de una enfermedad valvular del corazón, sino que iba a sufrir una operación exploratoria por un bulto sospechoso que tenía en la región del plexo solar. Con mucha frecuencia se había desmayado en la calle y le habían llevado hasta la farmacia más cercana, en donde le habían fortificado con las tabletas que llevaba siempre en el bolsillo. Llevaba en la ropa una tarjeta con instrucciones de lo que debía hacerse cuando le daba un ataque. Ultimamente había sufrido esos ataques con tanta frecuencia que había llegado a ser conocido por la vecindad como "el pobre Mr. P." Le habían puesto un régimen consistente en una sola comida al día durante cinco días a la semana, y ayuno a base de agua en los fines de semana. El único ejercicio permitido era un corto y suave paseo. Le estaba prohibido fumar y, en cuanto a medicamentos, sólo podía tomar las tabletas en caso de un ataque.

Tal era su situación cuando vino a verme.

Lo primero que le pedí fue que se bebiera su orina. Tal como yo esperaba, era muy olorosa y pesada al principio, pero pronto se aclaró. Di instrucciones a Mr. P. de que se frotara el cuerpo con orina, y luego le froté durante unas dos horas con la mía. *Dicho sea de paso*, he de decir que las partes más importantes a frotar son el rostro el cuello y los pies. Tras la frotación, Mr. P. se lavaba con agua del grifo caliente. Al día siguiente se siguió el tratamiento durante algunas horas. Posteriormente Mr. P. venía a mi casa todas las mañanas para que le frotaran de la misma manera. No acudió a la Nursing Home para la observación o la operación exploratoria. Con respecto a la comida, podía hacer una al día, pero sólo los alimentos que yo le decía. Tras un mes de tratamiento había mejorado tanto que pudo volver al trabajo. A las doce semanas tenía una salud completa y no quedaba ningún indicio de la enfermedad valvular del corazón ni del sospechoso bulto del plexo solar; hecho que su doctor admitió alegremente y con generosidad. ¡Ni una sola vez desde el día en que Mr. P. inició el tratamiento tuvo un ataque al corazón, y tenía tan poco miedo a su recaída que tiró las tabletas a las llamas!

Si alguien supone que soy la única persona que practica esta terapia con éxito, el siguiente caso servirá para rechazar esa suposición.

Mr. R. Enfermo cardíaco con hidropesía. Pies, piernas y abdomen muy hinchados. El corazón muy dilatado. El doctor veía muy grave el caso y dio al paciente sólo un mes de vida. Luego fue inducido a probar el tratamiento en un establecimiento naturopático bien conocido. Sin embargo el tratamiento dio tan poco éxito y el paciente se encontraba en una posición tan crítica que le pidieron que se fuera, pues esperaban que muriera en quince días. Entonces Mr. R. oyó hablar de Mr. Oliver Warnock-Fielden, de Harrow, animoso naturópata, quien le curó con la terapia de orina en seis semanas. Durante el ayuno rebajó su peso de 70 a menos de 50 kg. Mr. R. había fumado en exceso y, contraviniendo las instrucciones, fumó algo durante el ayuno, lo que retrasó un poco el progreso. Es innecesario decir que su doctor quedó muy sorprendido de su curación; sobre todo porque Mr. R. juzgó prudente no divulgar su *modus operandi*. Tal como están las cosas en este momento, muchas personas que hacen algo tan poco convencional como beberse su orina tienen miedo a ser dados de lado por la sociedad. Esos miedos son muy comprensibles, pero obstruyen la extensión de la terapia de la orina, medio de ayudar a la humanidad que sufre.

Debo añadir ahora una palabra en relación con los sueros y vacunas, de los que se han dicho que son una de las causas de las enfermedades cardíacas en los tiempos modernos. Según el Dr. Benchetrit, estas medidas "son principalmente las responsables del incremento de estas dos enfermedades realmente peligrosas, el cáncer y la enfermedad cardíaca". Añade luego el doctor: "He sido serólogo durante mucho tiempo y sé de lo que estoy hablando." El Dr. Benchetrit no es en absoluto el único doctor que critica el empleo de preventivos nocivos (o supuestamente preventivos) contra la enfermedad infecciosa aguda. El Dr. S. S. Goldwater, comisionado de los hospitales de Nueva York, señalaba en *The Modern Hospital Magazine* que las medidas utilizadas para controlar las enfermedades contagiosas pueden permitir una vida más larga (?), pero no una vida más fuerte. "Las enfermedades crónicas", añade, "están creciendo de tal manera que América se puede convertir en una nación de enfermos. Más de la mitad de las camas hospitalarias de los Estados Unidos están ocupadas actualmente por pacientes crónicos de enfermedades mentales y físicas. Los únicos pacientes no son las personas ancianas y de mediana edad; también son víctimas los niños". (Véase *Health Practitioners Journal*, junio de 1944.)

Pero si los sueros y vacunas pueden producir finalmente enfermedades cardíacas y otras dolencias crónicas graves, ¿por qué son promocionados por el B.M.A.? Ante todo, tal como ha observado concisamente el Dr. Alfred Pulford, M.D.: "Quien pueda prevenir una situación que no sabe positivamente que va a producirse es una maravilla del séptimo día"; y en segundo lugar, porque ciertos renombrados peces gordos de la profesión médica han demostrado que los gérmenes más "mortales" son inocuos en un cuerpo saludable. Leemos que "El profesor Metchnikoff dijo haber encontrado los bacilos del cólera asiático en las aguas de muchas localidades, pero no se conocía plaga, epidemia, ni enfermedad ni antes ni después de esos descubrimientos ... el profesor Tentenkoffer se tragó varios millones de gérmenes del mortal (?) cólera asiático ... Y no sucedió nada. Para verificar la prueba, el profesor Emmrich hizo un cultivo de los intestinos de víctimas de la enfermedad recién fallecidas y se tragó millones de gérmenes sin resultados perceptibles. Para hacer una prueba más completa, y en condiciones más temibles, el Dr. Thomas Powell permitió que inyectaran en su sangre los gérmenes de siete enfermedades mortales (?), y diez años después sigue vivo y tan saludable." (Extracto de *Naturopath and Herald of Health.)* Sin embargo, estos hechos no son conocidos por el público, ni aquellos que urgen a los miembros de la comunidad a inmunizarse contra ésta o aquella enfermedad dicen que no todos los doctores están a favor de esas medidas, pues son de la opinión de que los sueros y vacunas puede producir posteriormente afecciones crónicas, de las que la enfermedad cardíaca no es la más importante.

10. FIEBRES: MALARIA Y OTRAS

El caso de una fiebre misteriosa que se produce
en Africa pero es rara en Inglaterra

Paciente: una joven de 17 años. Misteriosamente atacada. Muy débil. Su temperatura era de 39,5° C. Se llamó a un médico que dijo que en caso de llegar a producirse la recuperación, la paciente estaría enferma todavía seis meses, teniendo luego nueve meses de convalecencia. El padre de la paciente, que creía en la terapia de la orina, me mandó buscar. Al principio encontré a la paciente bastante difícil de tratar, pero finalmente consintió en un ayuno de orina más agua del grifo. Al sexto día de haber enfermado su temperatura seguía siendo de 39,5°, se estaba demacrando rápidamente y su orina era espesa, maloliente y concentrada. Pero veinticuatro horas después de iniciar mi tratamiento la temperatura había descendido a 37,8 y la orina era más clara. A los tres días la temperatura había descendido a 36, y dos días más tarde a 34,88. La paciente estaba brillante y viva, todo iba bien. El doctor estaba muy asombrado. Se rompió el ayuno a los 18 días. La piel de la paciente era tan clara como la de un niño. A los pocos días de romper el ayuno se levantó y se sentía perfectamente. Ha seguido utilizando su propia orina. Hace dieciséis años se casó y tuvo tres hijos en los primeros diez años.

Malaria

Es una enfermedad infecciosa caracterizada por paroxismos de fiebre intermitente, consistentes cada uno de una fase caliente, una fría y otra de sudoración. Entre los paroxismos la víctima parece estar comparativamente bien. De acuerdo con *Materia Médi-*

FIEBRES: MALARIA Y OTRAS

ca, todas las formas de malaria se deben a parásitos que viven en la sangre. Los mosquitos se infectan al chupar sangre humana, y a su vez infectan a los seres humanos al picarles. El rasgo más perturbador y penoso de la malaria —que los alópatas tratan (suprimen) con quinina— es que una vez que se ha contraído se produce una y otra vez, pues según el tratamiento ortodoxo usual simplemente entra en fase de latencia, en lugar de ser totalmente erradicada. Sin embargo, con la terapia de la orina se cura para siempre. Hasta ahora no he tenido un solo caso que no se curara en 10 días o menos mediante el ayuno con orina y agua del grifo.

Mr. Q. Tipo atlético. Muy temperado y poco comedor. Contrajo la malaria en Oriente. La tuvo durante tres años. En el año anterior al que yo lo vi, 1920, sufrió 36 ataques. Tomaba quinina regularmente. Finalmente se curó completamente con un ayuno de orina que duró 10 días. Ya no tomó más quinina. Nunca tuvo otro ataque y se ha mantenido con buena salud siguiendo con sus hábitos temperados y tomando regularmente el "agua de la vida".

Melanuria

Caso relatado por la víctima. Militar (comandante) encontrado por los nativos en una región apartada en estado de delirio debido a la melanuria. Le curaron haciéndole ayunar durante 10 días, aplicándole compresas e induciéndole a tomar su orina y agua. Menciono esto para enfatizar que no soy el descubridor de la terapia de la orina.

En este capítulo me he limitado a contar un solo historial de cada una de las fiebres mencionadas, pues de otro modo aumentaría mucho el volumen de este libro. Concluiré ahora con algunas observaciones sobre la fiebre en general, y de las enfermedades agudas acompañadas de fiebre.

Cuando los doctores tratan de bajar la temperatura de un paciente por medios no naturales, están frustrando a la naturaleza y poniendo en peligro la vida del paciente, o en el mejor de los casos plantando las semillas de problemas futuros. Una fiebre es en realidad un proceso curativo de la naturaleza para quemar determinadas toxinas del cuerpo. Oímos hablar de los "milagros" efectos termorreductores de las maravillosas drogas para la neumonía, pero no oímos hablar tanto de las numerosas personas que mueren de problemas cardíacos después de que su fiebre ha sido curada de ese modo milagroso. La experiencia me ha enseñado que sólo hay un modo seguro de tratar una fiebre, la cual, por ser un proceso curativo, ni es incurable ni tiene que ser fatal si se maneja apropiadamente. El *modus operandi* le será ya tan familiar al lector que no es necesario repetirlo aquí. Simplemente diré que no sólo no he visto un fracaso con el ayuno de orina y agua (hay que beber toda la orina que se pase), sino que la bajada de temperatura se ha producido entre las 36 y las 72 horas, seguida de una recuperación completa a los pocos días.

En cuanto al motivo de que la orina sea tan espesa, de tan mal olor y escasa en los casos de fiebre, ello no es el resultado de la propia fiebre, sino de la condición del cuerpo —las fuerzas de la enfermedad, por así decirlo— que produjeron la fiebre. El estado de la orina es el resultado de la pérdida de valiosas sales, tejidos, etc. del cuerpo, y explica en gran parte la gran debilidad del paciente, su ligereza de cabeza, sus desvaríos, pesadillas, etc.; también explica la larga convalecencia y los malos efectos secundarios en los casos de pacientes que han sido tratados con el modelo supresivo ortodoxo. El método racional de evitar todo esto es la terapia de la orina, de modo que el tejido perdido pueda ser reemplazado. Lo he probado con éxito una y otra vez en casos de difteria, varicela, escarlatina, gripe, fiebre reumática y en otros trastornos agudos que se acompañan de fiebre alta; y no se ha producido ninguno de los nocivos y crónicos efectos secundarios que tan a menudo se acumulan tras un tratamiento erróneo de la escarlatina o la fiebre reumática, todos los que se deben a las medidas supresivas.

11. UN CASO DE ORQUITIS

La orquitis es una enfermedad muy dolorosa en la que se hinchan, y a veces ulceran, los testículos. Puede ser causada por una lesión, gonorrea, o producirse durante un ataque de parótidas. No obstante, en su forma más grave es una dolencia comparativamente rara en este país (Inglaterra). El doctor al que llamaron en el caso que voy a relatar vio muy grave la situación y dio al paciente sólo unos días de vida. Cuando, después de un viaje que tuve que hacer, vi a la víctima, de 19 años de edad, hacía una semana que no le funcionaban los intestinos, y 72 horas los riñones. Un lado de su cuerpo estaba hinchado, como si alguien hubiera metido un balón de fútbol bajo su piel. Los testículos eran tan grandes como pelotas de tenis, y el pene tenía más de 30 cm de longitud, estaba tan duro como un lápiz de plomo y enrollado como un sacacorchos; además se había ennegrecido. Los gemidos de agonía de la víctima rompían el corazón. Aunque llevaba tres días sin comer nada y sólo había bebido agua, la hinchazón y las distorsiones habían aumentado. Como no pasaba orina que pudiera beber, me vi obligado a darle medio litro de la mía.

Dos horas después del primer trago, la glándula del pene mostraba signos de volver a la normalidad y pudo pasar algo de orina en pequeñas gotas (unas dos hueveras en total). Era espesa, borrosa y tan concentrada como una combinación de gachas con sangre. Sin embargo se la bebió sin una mueca ni murmullo. Cuatro horas más tarde pasaba casi medio litro de esa misma agua de mal aspecto y mal olor, que también se bebió sin una mueca. Me informó que no le sabía a nada por el estado de su paladar, debido a los ácidos que subían de su estómago. Esto dicho sea de paso, puede ocurrir durante un año.

Dos horas más tarde el paciente tuvo una defecación muy copiosa y repugnante, de la que no he visto igual en los 27 años de experiencia dedicados a tratar enfermedades. Durante la evacuación el paciente pasó algo de orina, que bebió después. Al llevarle de nuevo a la cama, descubrimos que ahora se podía echar cómodamente estirado, mientras que anteriormente tenía las rodillas sobre su abdomen, como las personas aquejadas de peritonitis o apendicitis. Ahora, ocho horas después de haber tomado la primera dosis de orina, casi no tenía dolor. Puse paños remojados en orina vieja sobre su abdomen, pecho y cabeza, y envolví sus manos y pies de manera similar. Pasó más y más orina, bebiéndose hasta la última gota. Sus intestinos respondieron al tratamiento y trabajaron libremente y sin dolor, asemejándose las evacuaciones a agua teñida.

Al cuarto día pasó 10 litros de orina en 24 horas; todos los cuales se bebió inmediatamente.

Y entonces se produjo un contratiempo. Al quinto día tuve que ir a Manchester y un amigable doctor le indujo a tomar con el agua una cucharada de trigo molido. El resultado fue desastroso. Cesó todo el flujo de orina, y en 16 horas habían regresado todos los síntomas anteriores, aunque en forma ligeramente menos grave. No había más remedio que empezar todo el tratamiento de nuevo.

Finalmente el paciente rompió el ayuno en el día 17 con el zumo de una naranja al mediodía, una naranja entera a las 2 y otra a las 4. A las 8 de la tarde tomó un vaso entero de leche fresca. Durmió bien toda la noche.

Desde el día 18 al 25, su dieta se compuso de alimentos como vaca fría, pescado vaporizado, patatas con las pieles, huevos escalfados y revueltos, peras y otras frutas frescas, ensaladas, tomates y nada más.

El día 26º el paciente volvió a su trabajo completamente curado. Eso sucedió hace muchos años. Ahora tiene 40, toma una dieta bien equilibrada, bebe su propia "agua de la vida" y goza de una salud perfecta.

Debo mencionar que el finado Dr. Rabagliati quedó tan impresionado con este caso que escribió un detallado relato que fue enviado a publicaciones médicas de Inglaterra y Estados Unidos. Ninguna lo publicó. Las publicaciones médicas no dan la bienvenida a las alusiones a curas efectuadas por legos. Las publicaciones médicas tienen su política, al igual que los diarios. El hecho de que una cosa pueda ser cierta o útil para sus semejantes parece tener una importancia secundaria para los editores de publicaciones médicas ortodoxas. Esto es algo desafortunado, pues obstruye el progreso y la ilustración médica, hecho reconocido por la Health Practitioners' Association. Ciertamente, en el *Health Practitioners' Journal* encontramos artículos de homeópatas, naturópatas, herboristas, osteópatas, practicantes del yoga, biólogos, bioquímicos, etc., en la creencia laudable de que hay muchos caminos hacia la salud y muchos modos de tratar la enfermedad.

12. ENFERMEDADES VENEREAS

Los Drs. Bosanquet y Eyre, en su libro titulado *Serums, Vaccines and Toxins*, se vieron obligados a admitir: "No puede negarse que en un cierto número de casos la inyección de antitoxinas diftéricas ha sido seguida por la muerte directamente atribuible a la acción del suero". Una de esas tragedias, la primera y quizá la más triste, le aconteció al Dr. Langenhans de Berlín. Cuando uno de sus criados contrajo difteria, como medida precautoria inoculó a su hijo, perfectamente sano, de un año y nueve meses de edad. Lo irónico es que no había la menor evidencia de que su hijo fuera a contraer alguna vez la enfermedad, ya que los gérmenes de difteria pueden encontrarse en gargantas muy saludables, y en tal entorno son tan inocuos como muchos de los otros gérmenes supuestamente mortales. Pero por desgracia no son sólo las inyecciones para la difteria las que han mostrado ser fatales, pues cientos de muertes, muchas de ellas instantáneas, han sido el resultado del uso del *salvarsan*, también llamado "606", en el tratamiento de la sífilis. Sin embargo, al igual que se promocionó la inmunización contra la difteria, se promocionó el *salvarsan* como la curación por excelencia de la enfermedad venérea.

Por lo que respecto a la sífilis leemos: "Tanto si ha sido tratado como si no, el paciente siempre puede desarrollar síntomas nerviosos. Estas son las más graves de todas las complicaciones de la sífilis, y las más comunes son la parálisis general y la ataxia locomotora. Usualmente se revelan unos diez años después de la infección. En la parálisis general hay demencia progresiva, usualmente con alguna forma de exaltación. El lenguaje es vacilante, tembloroso y confuso. Los músculos faciales y la lengua muestran paresis

ENFERMEDADES VENEREAS

con temblores... Posteriormente las facultades musculares se debilitan gradualmente, hasta que se produce una parálisis más o menos general..." (Dr. E. H. Ruddock, M.D.) Es un cuadro de lo más triste y desagradable. Sugiero, sin embargo, que los horribles efectos secundarios de la enfermedad venérea son el resultado de un tratamiento supresivo. ¿Pero qué es la sífilis al fin y al cabo? Simplemente el resultado de un veneno que es absorbido por el cuerpo, y por tanto el tratamiento racional consiste en sacar ese veneno del mismo.

Como la profesión médica se reserva el derecho a tratar las enfermedades venéreas, y tiene sus clínicas para ese fin, yo soy un profano, o un naturópata como a veces se me llama, y me está prohibido tratarlas. No obstante hay personas que habiendo oído hablar de la terapia de la orina por medio de los panfletos del finado Mr. Baxter (mencionado en el Cap. 2), o por medio de otros canales, se han dispuesto a tratarse a sí mismos.

Citaré aquí el caso de un hombre que contrajo una enfermedad venérea durante la última guerra (1918). Dicho sea de paso, había pasado algún tiempo aquejado de psoriasis, que había suprimido con ungüentos de hierbas. Este hombre, por entonces todavía joven, sabía algunas cosas sobre los métodos de la curación natural y se había esforzado por tratar su enfermedad venérea subsistiendo por algún tiempo a base de agua fría, con la esperanza de "hacer morir de hambre" a la enfermedad. Sin embargo, al final de un ayuno de 11 días, sus síntomas, lejos de mejorar, empeoraron mucho. Fue entonces cuando encontró uno de los panfletos de Baxter. El resultado fue que decidió proseguir con el ayuno, pero con la adición del uso interno y externo de su propia orina. Los resultados fueron en extremo gratificantes; al cabo de diez días había desaparecido todo signo de enfermedad venérea, y la psoriasis había mejorado mucho. Sin embargo, decidió proseguir con el ayuno de orina hasta que hubieran desaparecido todos los rastros de la dolencia cutánea. Así sucedió una semana más tarde, en que se encontró a sí mismo libre de todo problema. Pero además se dio cuenta de que los sentidos de la vista, oído, gusto y olfato eran más agudos que nunca.

Casi todas las personas están familiarizadas ahora con los métodos ortodoxos de tratar la enfermedad venérea. Los pacientes son invitados a acudir a clínicas en las que son tratados con inyecciones. Pero aunque los miembros de las clases más humildes pueden asistir a estas clínicas, los notables, especialmente en las ciudades más pequeñas, prefieren ser tratados por sus propios doctores, pues sienten cierto embarazo de exhibirse en un lugar en el que puedan ser reconocidos. En cualquier caso, la pregunta grave que uno se plantea es: ¿Cuáles serán los efectos secundarios de estas inyecciones? Una cosa es tratar la enfermedad, y otra curar permanentemente a un *paciente*. El Dr. W. H. White, M.D., escribió sobre la ortodoxia: "La medicina ignora la 'totalidad' del individuo y trata la enfermedad como una *entidad separada*". Así, hay remedios clasificados para prácticamente cualquier dolencia, desde el reumatismo a la sífilis: pero como señala el homeópata, lo que el alópata llama reumatismo puede provenir de veinte causas (sería más próximo a la verdad si dijera de veinte causas secundarias), de ahí que el nombre de la enfermedad no tenga realmente importancia. Considerado desde mi punto de vista particular, añadiría que tampoco importa "el cómo se ha contraído", pues el método curativo es el mismo.

Volviendo al caso de la enfermedad venérea que he citado, si el joven en cuestión hubiera empleado la terapia de la orina desde el principio, en lugar de intentar tratarla con lo que se denominan métodos de curación naturales, estoy convencido de que se habría curado mucho antes. Por lo que he podido deducir de la experiencia de quienes han intentado por sí mismos la terapia de la orina, tengo buenas razones para pensar que cuando la enfermedad venérea ha sido atacada en su fase inicial, o durante la primera semana, la curación se ha efectuado entre 48 y 96 horas; eso siempre que la situación no se haya complicado con el tratamiento usual. Pero como es ilegal que yo trate esta antigua aflicción, no puedo proporcionar historiales. Sin embargo, si excluyese de estas páginas la mención a las enfermedades que la profesión médica se reserva el derecho a tratar con sus propios métodos, mi tarea sólo quedaría cumplida a medias. Considerando que "una proporción de los ciegos, los sordos, los mentalmente deficientes y los lisiados deben sus incapacidades a las enfermedades venéreas" (véase *Britain's Health*), es un deber para cualquiera, sea médico o profano, que haya encontrado los medios de curarlas el hacer que su descubrimiento sea conocido, para que los doctores lo puedan utilizar si así lo desean. Lo que hay que recordar es que las medidas para tratar las enfermedades venéreas, como la mayoría de las otras, tienen su tiempo, se consideran luego insatisfactorias y son superadas por otros métodos. Aunque es dudoso que las clínicas estén dispuestas a intentar la terapia de la orina, quizá haya algunos doctores que deseen hacerlo en privado. Sólo el tiempo lo dirá. He de añadir, dicho sea de paso, que aunque los doctores no entienden el verdadero valor de la orina, hay algunos que afirman que si el hombre orinara inmediatamente después del coito, se reduciría el riesgo de contraer enfermedades venéreas. El finado Mr. Baxter J. P. tenía razón cuando publicó el hecho de que, entre otras cosas, la orina posee potentes propiedades antisépticas.

13. LA CURACION DE LAS HERIDAS QUE NO SANAN: TRATAMIENTO DE QUEMADURAS

Estuve destinado a demostrar el valor de la terapia de la orina para el tratamiento de heridas cuando hace unos años, en un accidente, sufrí una grave lesión y laceración en los dedos, pies y tobillos. Las uñas de los dedos estaban separadas y los propios dedos echados hacia atrás, hacia la parte carnosa de los pies. Naturalmente, el shock y el dolor eran muy fuertes. Rechacé, no obstante, la ayuda de un amigo médico, pues estaba resuelto a probar nuevamente los efectos del tratamiento de la orina sobre las heridas.

Después de que unos practicantes de cultura física que habían presenciado el accidente pusieron en su sitio las partes dañadas de mi pie, ayuné cuatro días por el shock (método aprobado) y apliqué sobre las partes afectadas paños saturados en orina vieja. Mantuve húmedos los vendajes mediante repetidos remojos; pero no quité las vendas hasta el quinto día. Al hacerlo, vi que los resultados eran sorprendentes; había desaparecido todo rastro de lesión, y el pie estaba curado y ágil como cuando era joven. Dicho sea de paso, un callo que me había molestado desapareció con el tratamiento.

He observado con frecuencia efectos similares incluso en heridas que se habían negado a sanar, ya fuera con tratamiento médico común, de hierbas y otros remedios, e incluso en casos en los que se había propuesto seriamente la amputación como único recurso que quedaba.

De entre el gran número de casos tratados, daré ahora la historia de uno particularmente malo que tuve que atender en 1918. Por aquel tiempo me presentaron a un hombre de unos cuarenta años que estaba acudiendo todas las semanas a la enfermería local como paciente externo por culpa de una herida de bala en el antebrazo. La herida, recibida un año antes, no mostraba signos de curación, tenía unos 25 cm de longitud, casi un centímetro de anchura, y a veces era ulcerosa y supurante. Sus consejeros médicos temían que se acabara volviendo gangrenosa, y para evitarlo le aplicaban ungüentos y vendajes venenosos, haciendo muchos cambios en los ingredientes y proporciones de las mezclas. Harto de los métodos ortodoxos, había recurrido al fletcherismo y al tratamiento de Salisbury, métodos de los que hay que admitir que obtuvo algunos beneficios; pero aún así la herida se resistía a la cura. A pesar de las objeciones de su esposa, acabó convirtiéndose en mi paciente.

Primero mis ayudantes quitaron los vendajes. Luego lavamos el brazo herido tres veces al día con orina vieja, dando en el resto del cuerpo largos masajes con las manos y la misma especie de orina. El paciente ayunó durante tres días a base de su propia orina y agua fría, se le aconsejaron cortos períodos de baños de sol, y siete días después sólo quedaba de la fisura una ligera cicatriz, tan pequeña como una hebra de oro. ¡En suma, tras todo un año de "tratamientos de interferencia", la naturaleza curó al paciente en diez días!

Desde la fecha de esa curación he observado docenas de casos de curación "milagrosa" siguiendo el mismo método; ello incluye la curación de heridas dolorosas e incapacitantes, cortes, llagas, los efectos de uñeros, etc., también heridas envenenadas y envenenamiento general de la sangre. Como norma no se necesitaba un tratamiento largo. Los casos atendidos pronto respondían en tres o cuatro días, y los que habían tenido interferencias médicas y casi se habían vuelto gangrenosos han tardado entre ocho y diez días.

Por lo que respecta a las quemaduras, he leído que un año, 7.900 americanos murieron de quemaduras, casi la mitad de los cuales eran niños de menos de cinco años. (¿O murieron del tratamiento, o de ambas cosas combinadas?) En cuanto a los miles de americanos supervivientes de quemaduras, se vieron destinados a sufrir terribles cicatrices, pieles arrugadas, miembros rígidos o miembros y dedos inútiles.

Durante años, el remedio habitual para las quemaduras fue la aplicación de hojas húmedas de té. Luego, en 1925, el Dr. Davidson, de Detroit, utilizó el viejo remedio con una base casi científica. En lugar de hojas de té hervidas, aplicó el elemento derivado de ellas, al que damos el nombre de ácido tánico. Esta sustancia literalmente venenosa tuesta los tejidos, formando una gruesa y dura corteza sobre las terminaciones nerviosas expuestas al aire. Pero aunque alivia el dolor, impide la actividad y fluencia de los líquidos corporales hacia esas partes, actuando por tanto como una cubierta bajo la que se espera se pueda formar una nueva piel. Por desgracia, el ácido tánico no sólo "broncea" los tejidos quemados, sino también los sanos que los rodean, con el resultado de que destruye células que deberían estar proporcionando nuevas células para el tejido de los elementos cutáneos, si se me permite expresarlo así en beneficio de los profanos. El resultado final es una cicatriz desfiguradora, que se podría haber prevenido con los métodos naturales, opuestos a los "científicos". El ácido tánico ni siquiera es bactericida, pues si se introduce materia extraña bajo la superficie quemada, se impide la función de los carroñeros microscópicos, a los que la ciencia llama gérmenes, por lo que bajo la corteza supuestamente protectora la infección tiene más probabilidades de persistir. ¡Al intentar matar los gérmenes sólo estamos esposando a los policías!

El tratamiento de las quemaduras con ácido tánico fue superado por el tratamiento como ácido pícrico, y también por el tratamiento con acriflavina. Luego los cirujanos intentaron *sus* métodos; tomaron piel de otra parte del cuerpo, generalmente las nalgas, y la injertaron sobre las partes quemadas. Pero por desgracia a veces sucede que la herida dejada por la eliminación de tejido sano se vuelve séptica. En cuanto al sufrimiento que este método entraña para el paciente, es mejor imaginarlo que describirlo. No deseo desacreditar la cirugía cuando es necesaria en los casos de accidentes y mutilaciones de la guerra. Pero me veo obligado a decir que la cirugía ha abusado, y sigue abusando, y que se realizan miles de operaciones innecesarias en órganos que podrían ser tratados con métodos naturales.

Sin embargo, hay doctores de mentalidad amplia y emprendedores que han probado la terapia de la orina, como puede verse por este extracto de una carta que me envió en 1935 el Dr. Geo. S. Cotton, de Temple, Texas, U.S.A.

"... Desde que recibí sus textos hace unos meses he puesto a prueba (la terapia de la orina) y los resultados han sido sorprendentes. En el tratamiento de heridas, etc., la orina no tiene rival. Este poder curativo es producido, entre otros elementos que la orina contiene, por la "Allontaína" (C4.H6,O3.N4).

"Conforme vaya utilizando la orina en el tratamiento y erradicación de la enfermedad, le enviaré completa informació. Creo que está usted anunciando una gran verdad que debería ser dada a conocer a la humanidad sufriente..."

14. ALGUNOS CASOS VARIADOS

Enuresis nocturna. A veces es simplemente un mal hábito, pero generalmente es un síntoma mórbido en niños nerviosos y anémicos. La debilidad es la causa principal, aunque puede deberse a lombrices. Se supone que al crecer los niños salen de esa triste condición, pero no es siempre así.

Un niño de 9 años había sufrido de enuresis toda su vida y había sido tratado por médicos de las escuelas ortodoxas y heterodoxas. Estaba muy delgado y se sentía muy infeliz por su aflicción. Ayunó a base de orina durante 11 días y se curó completamente.

Problemas menstruales. La paciente había sufrido durante más de dos años de una menstruación demasiado prolongada y frecuente, por cuya causa había acudido primero, sin resultados, a la alopatía, y luego al herborismo, del que sólo obtuvo un alivio parcial. La dolencia no sólo la estaba debilitando físicamente, sino que estaba afectando también a su equilibrio mental. Durante uno de sus largos períodos, que ya había durado una quincena, decidió probar la terapia de orina. Aunque al principio su orina estaba sobrecargada de sangre menstrual, sin embargo fue lo bastante heroica para tomarla. Durante el ayuno tomó también, a sorbitos, de un litro a litro y medio de agua del grifo. A los tres días la orina se normalizó. Siguió el ayuno exactamente durante 28, durante los cuales se frotaba el cuerpo varias horas al día con la orina de una persona saludable. Se curó completamente no sólo de los problemas menstruales, sino también de un persistente catarro nasal y de una creciente tendencia a la sordera.

ALGUNOS CASOS VARIADOS

Nefritis con otros síntomas dolorosos. Mujer joven. Llevaba algunas semanas al cuidado de dos doctores. Y había visto también a un especialista, quien dijo a su madre que no había esperanzas, y que probablemente la paciente no viviría para ver las siguientes navidades. Entonces me la trajeron. Para estimularla e inducirla a tomar la orina de aspecto desagradable que pasaba, incluso llegué a probar un poco yo mismo. Tras un ayuno de 30 días a base de orina y agua, y frotamientos diarios con una orina saludable, la paciente se curó de su grave dolencia. Después no contrajo ninguna otra enfermedad. Cuando la vi por primera vez pesaba menos de 50 kg; cuatro meses más tarde, con un régimen de dos comidas equilibradas al día, y el continuado uso interno y externo de su orina, pesaba desnuda cerca de 60 kg, que era el peso normal para una mujer de su altura y constitución.

Colitis mucosa. Niño de 6 años. Empezó a descargar mucosidad con frecuencia, aunque no había ningún otro signo aparente de mala salud. El doctor dijo que ése era el problema predominante y recetó aceite de ricino. Pero el padre del niño, que me conocía y que conocía mis métodos, pensando que la purga de aceite de ricino era demasiado violenta mandó buscarme en cuanto el médico se hubo ido. Puse al niño en ayuno de orina y a las 48 horas había desaparecido el problema. No obstante, como es una tontería empezar a comer en cuanto han desaparecido los síntomas, el niño ayunó dos días más.

Dos días más tarde la madre del niño y la hermana contrajeron los mismos síntomas de colitis. Ambas ayunaron ocho días de acuerdo con mis métodos, aunque los síntomas desaparecieron antes de los cinco días. Hay que mencionar que los tres pacientes eran vegetarianos estrictos y que el niño no había probado la carne en toda su vida. Les aconsejé que incluyeran algún alimento cárnico en su dieta.

Lesión ocular. En 1920 vino a verme una señora con una astilla de madera en un ojo. La astilla había horadado el iris y sobresalía 2 ó 3 cm. Saqué la astilla, sometí a la paciente a un ayuno de orina y agua durante unas semanas y al final de ese tiempo el problema estaba completamente curado y la paciente tenía una vista perfecta.

Psoriasis. Caballero de 60 años. Ayunó con orina y agua durante una semana en junio de 1920, y otra semana en septiembre de ese año. Durante los ayunos y entre ellos se frotaba con orina una hora tres veces al día. Curación completa. Siguió tomando orina como hábito diario y diez años más tarde, cerca de cumplir 70 parecía tener 55. Considero que la psoriasis y los eccemas se encuentran entre las enfermedades más fáciles de curar por medio de la terapia de la orina; siempre que se adopte a tiempo. Tampoco es incurable el lupus, enfermedad cutánea más grave que se dice está causada por el bacilo tuberculoso, pero el tratamiento es más largo.

Fiebre reumática seguida de gripe. Paciente femenina, casi 100 kg, aunque no comía mucho; había perdido 12 antes de que yo la visitara. Muy estreñida, aquejada de insomnio y preocupación. Obligada a quedarse en la cama por una hinchazón en caderas, pies, tobillos y abdomen. Ayuno de una semana a base de orina y agua y buenos masajes diarios de acuerdo con mi método usual. Curación completa en un mes, tras lo que volvió a su trabajo.

Piorrea. El paciente tenía la costumbre de visitar a su dentista cada seis meses. Este le informó que tenía piorrea. Como había oído hablar de la terapia de orina, sin decírselo a su dentista se tomaba un cuarto de litro de su orina todas las mañanas y utilizaba también la orina como enjuague de boca. A las nueve semanas su problema había desaparecido completamente, con gran sorpresa de su dentista, quien deseaba saber qué era lo que había producido tan notable mejoría en su salud general como para curar la piorrea. Esta curación se efectuó incluso sin ayuno. *(Caso informado por un amigo.)*

La noción de que la piorrea es una enfermedad local para la que hay que extraerse todos los dientes es una falacia. No existen las enfermedades locales, sólo los síntomas localizados. Limpiando el cuerpo de sus impurezas mediante un ayuno de orina y agua, la piorrea se desvanece automáticamente. Así lo he observado en numerosos casos, en realidad, en todos los casos que he tratado. En cuanto a mí mismo, nunca necesito visitar a un dentista; una dieta bien equilibrada y la terapia de orina han preservado mis dientes.

ALGUNOS CASOS VARIADOS

Obesidad. Señora casada. Casi 80 kg de peso. Sin hijos. Vivía con la habitual dieta mal equilibrada, pero no era glotona, masticaba la comida y sólo bebía agua, después de las comidas o entre ellas. Previamente había probado varias dietas sin resultados, y había intentado el ayuno sólo con agua, pero con el resultado de que al volver a comer ganó peso más rápidamente aun que antes del ayuno. Finalmente me consultó. Le aconsejé el ayuno de orina más agua y los masajes diarios, y a los 14 días había perdido unos 15 kg. Entonces revisé su dieta, le puse un régimen bien equilibrado y le sugerí sólo dos comidas al día. Viviendo de este modo, y tomando su propia orina, su peso ha permanecido en los 65, y aunque ahora tiene más de 50 años, parece tener 33.

En el caso de muchas personas la obesidad no surge de la indulgencia excesiva en la mesa, sino del mal funcionamiento de las glándulas producido por las toxinas y por una insuficiencia de los elementos que se extraen de los alimentos no procesados. El ayuno limpia los tejidos de la sangre, y la ingestión de orina devuelve la normalidad a las glándulas desordenadas. He demostrado esto concluyentemente por el gran número de casos de obesidad que he tratado, o en los que la obesidad acompañaba a otros síntomas.

Problemas de próstata. Es una dolencia que suele afectar a hombres de edad avanzada. "El síntoma más destacado es la irritabilidad de la vejiga y la progresiva incapacidad para evacuar. La próstata sufre un considerable aumento de tamaño, y al presionar el cuello de la vejiga forma una obstrucción al flujo de salida de ese órgano..." (Véase E. H. Ruddock, M.D., *Vade Mecum*).

Caso de problema de próstata en su fase incipiente. Anciano caballero que empezaba a tener dificultades para evacuar su orina. Un amigo le aconsejó que tratara de tomarse un cuarto de litro de su propia "agua" todas las mañanas al levantarse; luego debería tomar un desayuno *ligero*, en lugar de la acostumbrada comida completa. Un més después de comenzar el tratamiento se había librado de su problema.

Asma bronquial. Miss C. El doctor había diagnosticado que el caso era un catarro bronquial; la víctima decía estar en las primeras fases de la tuberculosis. La salud general era muy pobre. La respiración era dificultosa. La víctima tuvo que recurrir a paliativos para obtener alivio y breves períodos del sueño que tanto necesitaba. Se sentía muy debilitada. Oyó hablar de la terapia de orina. Ayunó durante una quincena a base de orina, pero sin los frotamientos. A los tres días la mejoría era tan notable que podía respirar libremente y dormir todas las noches varias horas de un tirón. Al romper el ayuno tomó sólo dos comidas al día, y siguió tomando la orina. Pero el ayuno no había sido lo bastante largo para erradicar el problema y regresaron los síntomas. Entonces me escribió pidiendo consejo. Le dije que no había roto el ayuno correctamente y le aconsejé nuevos ayunos *acompañados de masajes;* también le di la dieta que debía seguir entre los ayunos. El resultado final fue la curación completa, y la paciente mantuvo su excelente salud. Sigue tomando su orina diariamente, y de vez en cuando recurre a breves ayunos, sintiéndose mejor que nunca.

Caso de gangrena y efectos secundarios del tratamiento medicinal de un problema de tiroides
(El informe de este caso se lo debo al naturópata Mr. O. Warnock-Fielden.) Señora de 40 años. Larga historia de tratamiento con medicinas, desde que tenía 15 años. A una edad temprana le estuvieron poniendo inyecciones durante varios años por un tiroides hiperactivo y también por catarros. Más recientemente se había sometido a una operación con la idea de mejorar la circulación, pues cuando el clima era frío, e incluso en otras ocasiones, sus manos se volvían azules. No observó ninguna mejoría tras la operación. Antes de llamarme a mí, el doctor que la atendía se había retirado afirmando que el caso carecía de esperanzas. Encontré que sus manos eran una masa de pus, gangrena húmeda y casi ausencia de piel. Se había propuesto, y temido, la amputación de ambas manos. Tras empezar con medidas menos severas, como fomentos calientes, compresas frías, envolturas para tratamiento hidroterápico de orina, beber orina en pequeñas cantidades y un ungüento antiséptico para aliviar los intensos dolores, propuse finalmente un ayuno completo a base de orina y agua, continuando al mismo tiempo con las envolturas para tratamiento hidroterápico. El ayuno duró tres semanas, pero a los quince días la paciente ya podía utilizar sus manos y tejer. Aunque el beber orina y las compresas fueron de gran valor para el tratamiento, considero sin embargo

que el ayuno de tres semanas fue el factor decisivo en este caso, pues permitió al sistema cargado de medicinas liberarse de las impurezas.

Erupción cutánea en los brazos. Mrs. C. llevaba más de tres años aquejada de una irritante erupción en los brazos. Había probado varios ungüentos y lociones sin alivio. Finalmente fue inducida a probar el efecto de la orina, con la que se humedecía ligeramente todas las noches. La erupción desapareció completamente a las pocas semanas. En este caso no se recurrió al ayuno ni a ninguna otra medida.

Verruga grande en el rostro. Mrs. C. informa que empleó el mismo tratamiento para una repugnante excrecencia de su rostro, que al poco tiempo se secó y luego se cayó sin dejar cicatriz. (Estos tres últimos casos me fueron informados por Mr. Warnock-Fielden.)

Bulto en el brazo. Un corresponsal me informa del caso de una señora a la que le salió un bulto azul de feo aspecto y 1 cm de altura, que ella temía pudiera ser maligno. Una amiga le aconsejó lo tratara con compresas de orina, y en menos de tres semanas se cayó, dejando la piel saludable y limpia.

Un caso misterioso. Paciente varón de unos 58 años. Había estado varias semanas en el hospital para observación y tratamiento, pero al final le dijeron que era incurable y le enviaron a casa a morir, aunque le pidieron que se mantuviera en contacto con el médico de cabecera. Le dieron un determinado medicamento que estaba calculado para disolver cualquier alimento que comiera. Cuando, a petición de un caballero al que estaba tratando, vi por vez primera al paciente, me di cuenta de que efectivamente se estaba muriendo, pero no tanto por la enfermedad como por el potente medicamento (veneno) que le habían dado. Observé que sus glóbulos oculares estaban muy distendidos y que estaba delgado, pero no hasta el extremo de la demacración. Me contó que había comido con cuidado, que había trabajado duramente al aire libre, que había mantenido la regularidad de las costumbres, que nunca había tenido catarros, ni había sido bilioso o estreñido, y que nunca había tenido diarrea. Su único vicio había sido el rape, pero lo había abandonado hacía un año. Sólo me quedé con él unos minutos después de mi primera visita, le dije que ayunara y que no bebiera más que agua y toda la orina que pasara. También le dije (y a su esposa) que no se sorprendiera de los síntomas que pudieran producirse durante el proceso de eliminación. Debería guardar los excrementos para que yo los inspeccionara. Volví a los tres días y me enseñaron dos grandes cubos llenos con la materia que había vomitado; el vómito se había iniciado a las 24 horas de haber probado por primera vez la orina. También había tenido grandes pérdidas intestinales y mucha descarga catarral de la nariz. De hecho se había visto obligado a utilizar una docena de pañuelos, ¡que no sólo estaban sucios de mucosidad sino también de RAPE! Siguió con el ayuno y al cabo de una semana cesó la descarga. A los diez días se interrumpió el tratamiento y el paciente estaba curado. En el momento de escribir esto tiene más de 70 años. Este caso es interesante, por cuanto demuestra que con la terapia de orina es innecesario conocer el nombre de la enfermedad para poder tratarla. También es interesante porque revela que una sustancia extraña —rape en este caso - puede alojarse en los tejidos durante meses después de haber dejado de tomarla, y que sólo se elimina mediante el ayuno que limpie el cuerpo. Eso me recuerda que el eminente naturópata alemán, Louis Kuhne, relata un caso en el que durante el tratamiento eliminativo, el sudor del paciente olía a los medicamentos que los alópatas habían utilizado previamente para curar —más bien *suprimir*— la enfermedad. (Véase su *New Science of Healing.*)

Ictericia. Debe recordarse que la ictericia es simplemente un síntoma de alguna afección crónica o aguda del hígado, y no una enfermedad en sí misma. Mi primer y más difícil caso de ictericia lo tuve en 1919, al principio de mi carrera como terapeuta. Este caso tardó 10 días en desaparecer con el ayuno de agua y orina.

No he tenido muchos casos de ictericia, pero en los que he tratado ha sido notable observar que el tinte de la piel desaparece gradualmente durante los dos o tres primeros días del ayuno, y que luego, conforme sigue el tratamiento, da lugar a un color tan fresco y saludable como la tez de una doncella. Diez días o menos suelen bastar para terminar con aquélla, siempre que no se deba a un cáncer de hígado. Esta terrible enfermedad considero que prácticamente no da esperanzas sea cual sea el método con que se la trate. Hasta los practicantes bioquímicos, que afirman curar algunos casos de cáncer, mantienen que si el hígado está implicado no hay nada que pueda hacerse. Sin embargo, en una ocasión supervisé un ayuno de orina de un hombre que durante años se había bebido una botella entera de alcohol por día. Ese hombre decidió probar el ayuno de orina mientras su médico estaba fuera, de vacaciones. Se bebió toda la orina que pasaba, que al décimo día estaba tan sangrienta y tan llena de depósitos arenosos rojos como al principio del tratamiento. Pero ese día volvió el doctor de sus vaciones y le hizo una escisión en el escroto. Al día siguiente el paciente entró en estado de inconsciencia. Es muy problemático saber si su hígado, que estaba "muerto", hubiera podido funcionar de nuevo si se hubiera proseguido el ayuno y no hubiera habido interferencia quirúrgica; pero confieso que en cualquier caso me dolió mucho no tener la oportunidad de *intentar* salvar la vida del pobre hombre, sobre todo porque durante el ayuno había perdido muy poca carne, salvo en el rostro, y allí parecía haber alguna perspectiva de su última recuperación. Pues, al fin y al cabo, ¡donde hay vida hay esperanza!

Caso de parálisis, vejez prematura, pérdida de memoria, etc. Paciente varón, de 60 años. Veredicto médico: "algunas semanas de vida". Había tenido dos ataques de parálisis, el primero después de un intento de liberarse de la gripe por medio de frutas frescas y zumos de frutas. Tras el segundo ataque había perdido la memoria y parecía chochear, aunque sólo tenía 60 años. Se sometió a un ayuno de orina, con frotamientos, durante 59 días, lo rompió durante una quincena tomando una comida al día, y ayunó otros 35 días. La memoria y el lenguaje los recuperó en 20 días durante el primer ayuno, y la curación se completó durante el segundo, habiendo sido la causa principal del problema una condición artrítica.

Pérdida de cabello. Ese mismo hombre había perdido su cabello y no sólo lo recuperó durante el segundo ayuno —se frotaba la cabeza diariamente – sino que en lugar de gris le salió de su color natural... Dicho sea de paso, muchos corresponsales informan de la renovación de su cabello como resultado de frotarse la cabeza con orina *vieja* como hábito diario.

Informe de corresponsales sobre gripe, neumonía, pleuresía y apendicitis

Estos informes demuestran que, como norma general, ayunos de orina de entre tres y ocho días bastan para curar la gripe, neumonía y pleuresía. Lo mismo puede decirse de la apendicitis. En algunos casos de la última enfermedad se ha permitido una pequeña comida al día, aunque los pacientes tenían que ingerir toda la orina que pasaban. En los casos agudos y graves con fiebre es esencial el ayuno de orina completo.

Pondría aquí de relieve el hecho de que obligar a comer a un enfermo siguiendo el principio de que ha de mantener las fuerzas es la cima de la estupidez médica. En un enfermo cuyo instinto y órganos se rebelan frente a la ingestión de alimentos, éstos actúan como un veneno.

Cataratas. Antes de que fuera ilegal que un profano mencionara que las cataratas pueden responder a un tratamiento sin operación, descubrí que en muchos casos un ayuno de orina de 10 días bastaba para disolver la película que se forma sobre el ojo. El ayuno requerido más largo fue de 28 días. Es un punto sutil, sobre el que no estoy cualificado para pronunciarme, si va contra la ley existente el que un profano diga que *ha* curado cataratas *antes* de que se decretara la ley. Pero en caso de que esa afirmación sea ilegal, tendremos que suponer que los casos curados habían sido diagnosticados erróneamente, puesto que la ley afirma que sólo un oculista cualificado puede curar casos auténticos, sobre todo con un bisturí. Sin embargo, es veraz decir que las cataratas no son siempre una condición aislada. Lo que necesitamos recordar es que el ojo es una parte del cuerpo, y por tanto al tratar el cuerpo como una totalidad por otros síntomas la condición local se puede curar sin dirigir la atención al ojo.

Glaucoma. Según la medicina ortodoxa, e incluso la naturopatía, es una condición muy grave. Los oculistas realizan una operación, pero en muchos casos el paciente queda ciego antes o después. En cualquier caso no se puede decir que la mutilación sea una cura. Sé que los pacientes que no han sido forzados, responden bien a un ayuno de orina de un mes de duración. Deben considerarse en cambio prácticamente sin esperanzas los casos que han sido quirúrgicamente interferidos.

Reumatismo. En este país (Inglaterra) se suele culpar al clima de las condiciones reumáticas de las personas con una sangre insuficientemente alcalina. Pero si la sangre y el cuerpo estuvieran libres de acidez y materias extrañas, el clima o sus cambios no producirían ningún efecto en ellos. Con respecto a la cura del reumatismo (del que algunos doctores dicen que hay 26 tipos diferentes), he encontrado que los pacientes siempre responden bien a un ayuno de orina de entre 10 y 12 días, o incluso menos en los casos simples. Hay que completar el tratamiento con masajes de orina y compresas de orina. Tras la curación es esencial, para evitar la recurrencia, una revisión de la dieta, siguiendo un régimen bien equilibrado. Muchos casos incluso han respondido al régimen de una sola comida al día (eligiendo cuidadosamente los alimentos y evitando el alcohol y los condimentos) más la toma de la orina autógena y los masajes y compresas. Tales casos, cuando no se mantenían desde hacía mucho tiempo y no eran graves, se ha curado usualmente en sólo unas semanas.

Artritis. Esta grave y penosa condición tan separada del reumatismo como un ataque grave de gripe de un catarro ligero, y es una de las condiciones más difíciles de abordar; sobre todo porque los depósitos extraños están alojados en gran parte en los *huesos.* He descubierto que incluso *un caso incipiente* tarda en curarse entre 12 y 40 días con una dieta muy seleccionada, la ingestión de toda la orina y largos frotamientos diarios con orina. (Estos fueron los casos en los que los pacientes habían puesto objeciones al ayuno o no lo consideraban factible.) Sin embargo, considero que ese tratamiento es sólo una medida a medias, y mantengo que el ayuno de orina completo, incluso de 10 días, ayuda más al paciente que varios meses de dieta e ingestión de la orina. Pero debo poner de manifiesto que cuando el problema está profundamente asentado, y la víctima está prácticamente inválida, hay pocas perspectivas de obtener una curación.

Citaré ahora unos cuantos casos que amablemente me ha proporcionado el naturópata Mr. Oliver Warnock-Fielden:

"*Asma bronquial.* Mr. D. E., de 37 años. Abandonó la Armada por asma bronquial que sufría desde la edad de 14 años. La vida del mar pareció empeorar el problema. Todas las noches se despertaba al menos cuatro veces para utilizar un spray medicinal, y no se atrevía a ir al teatro sin él para poder utilizarlo en los entreactos. Durante tres meses, en los que se bebía entre litro y medio y casi dos litros de orina al día, y dos breves ayunos de orina de entre 36 y 40 horas cada uno, se alivió tanto que dejó de pensar en llevar el spray al teatro, ni tiene que despertarse por la noche para utilizarlo. Ha perdido todo el miedo a su problema y su salud general ha mejorado mucho.

Otro caso del mismo problema mejoró en cuatro días de ayuno con orina, cuando un ayuno de tres semanas en una Casa de Curación Natural bien conocida había fallado. Cada vez que bebía orina tenía una descarga mucosa. El último día de ayuno tuvo tal descarga mucosa que el paciente salió para comprobar su respiración subiendo una colina. No experimentó dificultad y regresó inmediatamente al trabajo."

"*Riñón enfermo*. Mr. G. D. En mayo de 1944 se encontraba en un hospital para que le extirparan su riñón derecho. Había sufrido grandes dolores, la orina era del color de la sangre y los rayos X habían descubierto una piedra grande alojada en la pelvis del riñón. En opinión del cirujano el riñón estaba enfermo y si no se extirpaba se pondría en peligro la vida. Pero M. D. se negó a la operación y vino a verme. Empezó a beber toda la orina que pasaba, ayunó repetidamente durante varios días seguidos, y a las pocas semanas la condición había mejorado hasta el punto de que no tenía dolores y la orina era de color normal. A los tres meses Mr. D. regresó al hospital y le dijeron que no tenía nada en su riñón.

Como resultado del éxito de este tratamiento, Mr. D. me trajo un paciente que estaba en el hospital esperando a someterse a esa misma operación. También se curó con el mismo método.

En casos como éstos hay que aceptar el veredicto de los radiólogos y cirujanos que realizaron el examen, quienen en ambos casos dijeron que la operación era el único medio de alivio, o incluso de salvar la vida. Cuando más tarde mantenían que no había nada mal, y los rayos X dieron una prueba clara de que el riñón estaba sano, nos vemos obligados a suponer que la cura se logró por el ayuno y por la ingestión de orina."

Para terminar este capítulo añadiré algunas sugerencias que me

ALGUNOS CASOS VARIADOS

hizo mi amigo Mr. O. Warnock-Fielden con respecto a cómo cura la orina, aunque yo pueda no compartir totalmente sus puntos de vista. Escribe él:

"Tiene que haber alguna fuerza curativa en la recuperación de las inesperadas hormonas, especialmente las hormonas sexuales que van a parar a la orina. Hay casos conocidos en los que se toma orina internamente sólo en beneficio de esas sustancias. También puede ser que se trate de la recuperación de la sustancia de los tejidos que están en la solución de la orina. El tejido orgánico puede separarse de los órganos vitales por causa de sustancias venenosas allí alojadas y debidas a los alimentos y bebidas ingeridos por el cuerpo, y también por las medicinas e inyecciones de la ciencia médica. Algunos afirman que estas sustancias se recuperan y pueden ser utilizadas de nuevo en la reconstrucción de unos órganos saludables. Es difícil de demostrar, pero hay registrados muchos casos en los que los órganos enfermos se han recuperado por medio de beber grandes cantidades de orina. Decir más que esto es imposible.

La explicación que más me atrae es que las curas se realizan siguiendo el principio homeopático. No cabe duda de que aunque no se expele del cuerpo por la orina materia tóxica en cantidad (de otro modo nos enfermaríamos por culpa de la que se quede), tiene que encontrarse en toda orina una dosis homeopática o infinitesimal del complejo tóxico particular de cada individuo. Seguramente esto está fuera de toda discusión. Si esa dosis infinitesimal vuelve al cuerpo, de acuerdo con los principios homeopáticos se producirá un anticuerpo y se tenderá por tanto a la curación de la condición.

En los hábitos naturales de los animales observamos que se lamen continuamente. Indudablemente, de ese modo introducen en sus sistemas dosis homeopáticas de su condición tóxica. Tras cada comida esa dosis tendería a corregir cualquier daño que pudiera sucederles por tomar un alimento inaceptable, quiza incluso venenoso. ¿No puede ser ese hábito el plan de inmunización por excelencia de la naturaleza? La ciencia médica ha formulado un sistema de peligrosas inoculaciones para hacer exactamente lo mismo que hace el perro cuando se lame. ¡La naturaleza da al perro el instinto para su salvación, y al hombre el cerebro para su destrucción final. Quizá seamos demasiado listos. Si alguien duda del instinto del animal para beberse su propia orina, que pruebe a darle una taza a un mono. Sólo la utilizará para una cosa. Se considera que la cabra es el más saludable de todos los animales, y por eso su leche es muy apreciada para los casos de tuberculosis. ¿No puede explicarse eso por el hecho de que con frecuencia se bebe directamente su orina?

Cuando apareció el hombre sobre la tierra, se tuvo que tomar alguna medida para asegurarse contra su extinción. El alimento, la ropa y el abrigo estaban todos en la tierra, esperando a que el hombre los consiguiera para satisfacer todas sus necesidades materiales. ¿No sería de vital importancia no despreciar el modo de librarse de la enfermedad? Si lo que se ha dicho en estas páginas es correcto, el medio de conseguir la salud está siempre a mano, fácil de llevar, maravilloso en su simplicidad y a la disposición de cualquiera. El fallecido Dr. Chas. H. Duncan, uno de los más ilustrados doctores de América, afirma en su libro *Autotherapy:*

'En los exudados patógenos hay sustancias tóxicas ante las que el paciente debe desarrollar una resistencia para que se pueda curar. Dicho de otro modo, en la autoterapia el paciente tiene dentro de su cuerpo las sustancias tóxicas correctas, y le corresponde al médico encontrarlas y determinar la dosis apropiada y el intervalo entre las dosis, para que los tejidos locales puedan desarrollar la resistencia.'

Por tanto, en algunas ramas de la investigación médica hay muchas cosas que están de acuerdo con la valerosa contribución de John Armstrong, que queda demostrada en los casos mencionados en este libro."

15. EL CATARRO COMUN

No es exagerado decir que esa enfermedad simple a la que llamamos catarro común ha confundido a la profesión durante siglos. Un doctor me dijo en una ocasión: "Hay una cosa que me desagrada que me pidan que cure, un catarro común o un dolor de cabeza." El finado Dr. Haig, que fue el primero en atraer la atención sobre el ácido úrico, y más todavía sobre la locura de vivir con una dieta desequilibrada (aunque en ciertos puntos se pueda diferir de sus opiniones) decía que uno debía estar agradecido cuando contraía un catarro, pues actuaba a modo de limpieza general, por lo que nunca debía ser suprimido. Pero por desgracia para la humanidad, lo que frecuentemente se suele hacer en cuanto se "empieza a sentir que se acerca un catarro" es comprar algo que lo detenga y "matarlo en su principio". Eso no es curarlo, eso es simplemente suprimirlo y frustrar a la naturaleza. La supresión de un catarro simple suele conducir a aflicciones peores, como la pulmonía, etc.

Las causas de los catarros es tan simple como comunes son éstos; está en una dieta desequilibrada, y como la mayoría de la gente vive con dietas desequilibradas, es por tanto susceptible en grados diversos a los catarros. El exceso de fécula en una dieta, en combinación con la insuficiencia de alimentos que contengan sales minerales esenciales, produce catarro. Las exudaciones de las condiciones catarrales deberían ser suficientes en sí mismas para indicarnos la causa real: *su naturaleza es feculosa*. Por tanto, así como la causa de un catarro debe ser obvia, también debe serlo su curación, tal como he descubierto en años de observación y experiencia.

El procedimiento consiste en ayunar a base de agua fría y orina. No se debe tomar medicamento alguno, ya sea en forma de pastillas o de lociones. Si se lleva a cabo este tratamiento el catarro desaparecerá, en el caso de individuos sanos en otros aspectos, en 12 horas o menos. Sin duda habrá quien piense que esto es contrario al que dice: "Alimenta un catarro y mata de hambre a una fiebre." ¿Pero era así el refrán original? Tengo entendido que el actual es una simple versión del original, que decía: "Si alimentas un catarro tendrás que matar de hambre una fiebre". Incluso un ayuno a base de agua cura un catarro entre 24 y 48 horas. Pero es menos eficaz que el tratamiento a base de agua y orina, que no sólo produce la rápida desaparición de la condición catarral, sino que además uno se siente en todos los aspectos mucho mejor que antes. Además, y esto es muy importante, se impide el desarrollo de la gripe, neumonía, etc., que una vez desarrolladas pueden exigir un ayuno de 10 días y muchas atenciones.

Y sin embargo, la gripe, neumonía, bronquitis y dolencias afines pueden ser simplemente el resultado más inmediato de haber reprimido los intentos de la naturaleza de liberarse del exceso de fécula y sus males. Estoy convencido de que la supresión de los catarros es la base más común y fructífera de una larga lista de enfermedades más importantes. La coriza, tal como se la denomina técnicamente, esto es la inflamación de la membrana mucosa de la nariz, debe considerarse como una bendición, pues es como la campana de alarma que anuncia que el interior necesita un proceso de limpieza. Y tengo que enfatizar aquí, aún a riesgo de excederme en las repeticiones, que el mejor modo de realizar esa limpieza con rapidez, facilidad y actividad es beberse toda la propia orina *mientras se ayuna*, incluso aunque en 24 horas de ayuno se llegue a pasar casi 10 litros de orina.

En cuanto al catarro nasal crónico, las personas que viven con una dieta desequilibrada deben dar las gracias a esa "válvula de seguridad' que les puede impedir desarrollar enfermedades más graves. Los que intentan reprimirlo por medios innaturales tendrán que enfrentarse a graves consecuencias. Sus causas se pueden encontrar en el consumo habitual de demasiado pan, especialmente blanco, bollería, budines de arroz blanco y otros alimentos feculosos. Si en una dieta hay preponderancia de estos alimentos, ello significa que faltan los que son ricos en sales minerales esenciales. Decir que los azúcares y la fécula dan energía es una de las perniciosas verdades a medias que son casi tan nocivas como los errores completos. El *exceso* de fécula no puede dar energía, pues simplemente obstruye el sistema e inhibe su funcionamiento normal. La prueba es que las personas que viven sobre todo a base de los alimentos que he citado tienen que recurrir constantemente a las bebidas alcohólicas o a las tazas de café para "entonarse".

Como me gusta sustanciar siempre mis afirmaciones con razones científicas, en beneficio de aquellos a los que ello les gusta, debo añadir que además de ser el exceso de fécula la causa del catarro, hay en los tejidos una insuficiencia de cloruro de potasio, fosfato cálcico y sulfato cálcico, y si la garganta está infectada de fosfato férrico. (Véase *Biochemic Pocket Book*, de E. F. W. Powell, D. Sc.) En tiempos recientes los investigadores se han preocupado de analizar los diversos alimentos para conocer su contenido en sales minerales. Así hemos sabido que algunos alimentos son más ricos en sales que otros. Y han sido clasificados con etiquetas como alimentos carbónicos, cálcicos, clóricos, fluóricos, sódicos, potásicos, fosfóricos, sulfúricos, etc. Como sabemos, todas estas sales son esenciales para el funcionamiento apropiado del cuerpo, esa investigación sólo sirve de nuevo para demostrar lo necesario que es vivir con una dieta variada y bien equilibrada. Es significativo que hasta fechas recientes la profesión médica ignorara la importancia del potasio como sal para el cuerpo humano. Y sin embargo, los exponentes del Sistema Bioquímico han descubierto que la insuficiencia de una o varias de las formas del potasio es causa contribuyente en la mayoría de las enfermedades, especialmente en el cáncer y los tumores. Sin embargo, esto ya lo había descubierto el Dr. Schuessler, de Odenburg, Alemania, en la última mitad del siglo pasado. Pero este hecho sólo recibió amplio reconocimiento en 1912 gracias al Dr. Forbes-Ross (ya mencionado), quien probablemente nunca había oído hablar del Dr. Schuessler ni de su importante y en gran parte ignorado descubrimiento. En su esbozo general de *The Biochemic System of Medicine*, G. W. Carey, M. D., señala significativamente que la falta de cualquiera de las sales inorgánicas celulares provocan determinados síntomas que no son otra cosa que el método que tiene la naturaleza de indicar que uno o más de los obreros vitales del cuerpo falta, y debe ser suplido. "Cada sal mineral tiene un trabajo especializado. Cada una tiene determinadas afinidades por determinados materiales orgánicos utilizados en la constitución de la estructura humana. Así, las moléculas de "Kali mur" (cloruro potásico) trabajan con la fibrina. Si se produce una insuficiencia de esta sal, una parte de la fibrina no tiene sal inorgánica con la que unirse, se convierte en un elemento perturbador y debe ser expulsada de la circulación vital por los conductos nasales o los pulmones ... produciendo las condiciones llamadas catarros, resfriados, toses, etc."

Esta es, pues, la explicación bioquímica de los catarros y dolencias afines, como la leucorrea, que cuando la descarga es de color blanco lechoso indica una insuficiencia de cloruro potásico en el organismo femenino (Carey). Creo que he presentado suficientes evidencias para demostrar que el catarro común y todas las condiciones catarrales, sean agudas o crónicas, es ante todo el resultado de una *alimentación errónea,* sobre la que me extenderé en un último capítulo.

16. LA TERAPIA DE ORINA EN LOS ANIMALES

Cuando ciertas personas quieren menospreciar un determinado tratamiento, adscriben su eficacia a la fe. Por ejemplo, algunos oponentes de la homeopatía la han desechado diciendo que es una "cura por la fe". Pero el homeópata tiene en la mano un argumento que acaba con esa suposición; afirma que la homeopatía cura animales, que por la naturaleza de las cosas no saben que están siendo tratados. En la literatura homeopática se mencionan cientos de curaciones de animales. Una de ellas es la de un gato que tenía parálisis de las patas traseras. Tras haber intentado diversos tratamientos, el propietario le dio *mag. phos* en una atenuación muy alta, y lo curó completamente en poquísimo tiempo. El escéptico dirá: "coincidencia". A lo que se le puede replicar: " ¡Qué sorprendente es la credulidad del escéptico!"

Esta alusión a la homeopatía y los animales es relevante por cuanto algunos "escépticos crédulos" han llegado a decir que la terapia de la orina debe ser una "curación por la fe". No puedo más que sonreír y emplear el mismo argumento que los homeópatas. Demostraré mi argumentación con unos cuantos hechos.

Mi abuelo era bastante conocido en los años sesenta y setenta del siglo pasado por su mano con caballos, perros, etc., y de él aprendí que la orina e incluso los excrementos de vaca eran sus remedios favoritos para tratar las dolencias y lesiones de los animales. Hacía ayunar a las vacas, caballos y perros hasta un mes a base de agua y orina, para cuya administración utilizaba un cuerno; aunque cuando estaban sedientos lo bebían sin necesidad de esa ayuda. Como había aprendido muchas cosas de mi abuelo, yo mismo traté animales. Con frecuencia era una tarea larga y laboriosa, y puedo citar algunas aventuras que no carecen del rasgo humorístico. Recuerdo que en una ocasión hice ayunar a una vaca que tenía tuétanos durante 12 días, frotándola ocho horas al día con la orina (cogida en baldes) y de otras vacas. Para beber le daba su propia orina (que al principio era espesa, amarilla y concentrada como mostaza) y la orina de vacas sanas. También bebía agua. Mi paciente vacuno perdió todo el pelo, se quedó en la piel y los huesos, pero se recuperó completamente, recuperando su peso natural tras dos meses de comer hierba.

Con la terapia del ayuno a orina he tratado también perros. Un método de inducir a un perro a beber orina (aunque beben a menudo la orina de una perra) consiste en atarlo a un árbol y jeringar su cabeza con un spray fino del líquido vital. Para ello utilizaba orina mía recién pasada. Cuando la orina goteaba por la cara, el perro la lamía.

Historial de un caso. "Rouhg", terrier en Airedale. Tratado por una hinchazón en el abdomen que se le produjo tras ser derribado por la rueda trasera de un motocarro. Ayunó 19 días, tomando cuando lo deseaba mi orina y agua, y finalmente rompió el ayuno con un poco de carne cruda de vaca. Cuando los animales enferman, tienen el sentido de ayunar hasta que recuperan el hambre. Durante el ayuno le lavaba con orina vieja, fuerte y grasienta, y aunque en el proceso perdió una gran parte de su antiguo pelo, al terminar tenía un hermoso pelo.

Aunque la experiencia siguiente con aves de corral no entra estrictamente bajo el encabezamiento de terapia de orina, pues las gallinas no orinan y no se utilizó orina, sin embargo es instructivo porque demuestra lo que hace un ayuno incluso por aves. En octubre de 1916 tenía 60 gallinas, pero ninguna de ellas había puesto un huevo en varias semanas, a pesar de que estaban bien alimentadas y estimuladas con condimentos. Como algunas de ellas estaban enfermas, muchas "autoridades" me habían dado consejo gratuito o profesional. Finalmente decidí que la mitad de ellas ayunaran, tomando sólo agua. El resultado fue notable, pues al cuarto día encontré varios huevos. Posteriormente ayunó la mitad restante, con el mismo gratificante resultado: huevos en abundancia. En cada caso el ayuno duró una semana. Les cambié entonces la dieta anterior, consistente en un "poco de todo", por otra consistente sólo en un grano integral de trigo —que las gallinas tienen que desmenuzar— y verduras *crudas*, que les daba dos veces al día. Eso, más la hierba que podían picotear, era lo único que comían. El resultado fue una media de 250 huevos a la semana de 60 gallinas durante 18 semanas sin interrupción, y con el insignificante costo de 3/4 de penique por huevo.

Tratamiento de una pata de yegua lacerada. Había tratado de pasar un espeso seto espinoso con desastrosos resultados. Se había hecho una gran hendidura en la carne de una pata trasera a la altura de la rodilla, y parecía un labio grande que le colgara. Me aconsejaron que llamara al veterinario para que le diera unos puntos, pero lo rechacé, pues sabía que con esa medida le quedarían unas feas marcas que reducirían mucho su valor. Por tanto le vendé la herida con un paño de lana suave y limpio (sin teñir) bajo una capa de tres pliegues de mader flexible, y llené el espacio que había entre la carne y la madera con excremento de vaca, cerrando el emplasto por debajo con cinta ancha para que el excremento se mantuviera en su sitio y la yegua pudiera moverse. La visitaba dos veces al día para poder echar medio litro o más de orina por arriba del emplasto, a fin de mantener activas las propiedades de los excrementos. Repetí el proceso durante quince días, al cabo de los cuales quité el vendaje, encontrando la herida perfectamente curada y sin rastro de cicatriz.

Verdaderamente, la naturaleza tiene lecciones que enseñarnos. La primera, la segunda y la tercera son: ¡Trabaja con la naturaleza y ella hará el trabajo!

17. LA RAZON DE LOS MASAJES Y LAS COMPRESAS DE ORINA

Un corresponsal que me planteaba una serie de preguntas inteligentes, me sorprendió con la siguiente: "¿Es la piel un órgano de una sola dirección?" ¿Qué evidencia o deducción hay en la que basar esa suposición? Tomemos una analogía simple. Si cubrimos con un pañuelo extendido la parte superior de una taza que contenga un poco de leche y damos la vuelta a la taza, la leche saldrá rezumando a través del pañuelo. Inversamente, si ponemos un poco de leche sobre el pañuelo extendido sobre la taza, aquella entrará en ésta, y lo hará con mayor rapidez si la frotamos sobre el pañuelo. Se sabe desde hace mucho tiempo que la piel es capaz de absorber no sólo líquidos, sino también aire. ¿Por qué se promociona la ropa interior celular? Porque la piel necesita respirar. De ahí la imprudencia de tapar los poros con ungüentos supresivos, de "envolverse" en capas de ropa interior caliente, tal como hacían los victorianos. Si se impide totalmente que la piel respire, la víctima muere. Es bien conocida la historia del niño que fue pintado completamente con oro líquido para formar una figura para un desfile: el niño murió a las dos horas. Por otra parte, fue una práctica común, que daba a menudo buenos resultados, frotar con leche a los niños que no ganaban peso. Como sabemos, la fricción produce calor, y el calor abre los poros de la piel, lo que en sí genera calor. Por eso es tan importante el contenido de las compresas. Las compresas que no tienen nada que devolver a la piel pueden drenar seriamente las fuerzas; he tenido noticia de ello en muchas ocasiones. Por tanto la compresa por excelencia es la de orina, y el masaje con orina es muy superior a cualquier otra forma de fricción. Para este último fin lo más eficaz es la orina vieja, sola o mezclada con nueva, y calentada (sin que hierva). El método más práctico consiste en guardar la orina en botellas, echar sólo un poco en un recipiente de fondo plano, poner las manos sobre el recipiente para humedecerlas y empezar a frotar hasta que se sequen. Poner un poco más de orina en el recipiente y repetir el proceso. Al tomar con las manos sólo un poco de orina cada vez se evita que caigan gotas al suelo.

En cuanto a las compresas, con todo lo que se ha escrito ya en este libro en relación con los historiales, será evidente cómo y cuándo aplicarlas. No obstante, no está de más que me repita. Se pondrán paños humedecidos en orina sobre la localización del problema, y se mantendrán húmedos añadiéndoles más orina cuando se necesite. Se aplicarán siempre que haya forúnculos, quemaduras, heridas, bultos, hinchazones u otras alteraciones. Como es natural, no se frotará el cuerpo en el lugar en donde se precisa una compresa. En ninguna circunstancia se deben frotar los bultos sospechosos ni los tejidos que los rodean.

Ya he mencionado brevemente que las partes más importantes a frotar son el cuello, rostro, cabeza y pies. Pero eso no significa que no haya que frotar también todo el cuerpo. A menos que la enfermedad requiera una compresa en algún lugar, es una parte esencial de la terapia de orina con el fin de nutrir al paciente durante el ayuno. Aparte de eso, la orina es el mejor alimento que existe de la piel; como puede verse por las manos de los que hacen las frotaciones.

Los escépticos han sugerido que un masaje en seco o sólo con agua podría tener la misma eficacia. La respuesta es negativa. He intentado ambas cosas. Incluso los ayunos de orina *sin* frotaciones se ven acompañados de palpitaciones, igual que los ayunos a base sólo de agua. Acepto que el masaje es excelente ejercicio, pero sin la orina no sirve para reconstituir los tejidos gastados. Sólo en los casos muy graves, en los que el paciente está muy débil y demacrado para soportarlo, he dispensado los masajes, en cuyo caso la orina puede ser absorbida por la piel por medio de compresas.

Citaré ahora un historial que demuestra que ponerse compresas continuadamente de cualquier sustancia, por inocente que pueda parecer, puede resultar muy agotador de las fuerzas para el paciente, así como improductivo para la curación.

Un caballero de más de 60 años. Había sido un entusiasta de lo que podría llamarse la "dieta de la oruga". Se componía de una sola comida al día, principalmente de pan integral, ensaladas, frutas frescas, leche, frutos secos y miel. Esperaba que por esos medios podría reducir su "barriga" y curar una condición artrítica e hidropésica, así como otros problemas, como estreñimiento crónico, para lo que recurría a las sales y enemas. Cuando vino a verme llevaba algún tiempo en manos del doctor, y se encontraba en tal estado que necesitaba los cuidados de dos enfermeras. Aunque ahora tomaba al día dos comidas y cuatro tentempiés, pesaba unos 60 kg., estaba muy débil, en la cama, aquejado de las llagas provocadas por esta permanencia en la cama, y se pasaba la mitad del día y la mayor parte de la noche tosiendo flemas y mucosidad viscosa. Pero aquí llamaría la atención especialmente hacia el estado de su brazo. Unos dos años antes se había manifestado una llaga sobre la que había aplicado emplastos. A pesar de ello (en mi opinión debido precisamente a ello) tenían ahora cinco llagas con descarga: los emplastos los había mantenido todo ese tiempo (dos años). Sugerí que los emplastos eran los principales responsables de su pérdida de fuerza, porque "drenaban" constantemente la nutrición *vía* su brazo, haciendo pasar hambre tanto a éste como al torso. En consecuencia, a pesar de las protestas de la enfermera, se abandonaron los emplastos, se vendó el brazo con un paño sin medicación y no se le tocó en dos semanas. Las comidas se mantuvieron en dos al día, pero sin tentempiés, y sólo podía beber agua fresca. Abandonó todas las medicinas, que simplemente habían perturbado su digestión. Al cabo de una semana le quitaron los vendajes para realizar una inspección, y aunque las llagas eran todavía supurantes había evidencias que sugerían que la materia había sido absorbida por el calor de la sangre *vía* los poros de la piel. Al cabo de un mes, aunque seguía teniendo un poco de descarga, podía utilizar el brazo, y por primera vez en años el paciente podía escribir cartas. Sin masaje ni medida local alguna, el paciente había ganado unos siete kilos. Los cambios más notables se veían en el rostro, ambos brazos, pecho, hombros y nalgas. Debo añadir, dicho sea de paso, que curé las llagas causadas por su permanencia en la cama con algo tan "científico" como mi propia saliva. Sin embargo, el punto principal que hay que notar en este caso es que cuando dejó de ponerse los emplastos medicinales el paciente ganó peso aunque tomaba menos alimentos. Posteriormente recuperó plenamente la salud con la terapia de orina y una dieta bien equilibrada que no se basaba en las teorías del finado Arnold Ehret y compañía.

Volvamos ahora a las razones de los masajes, proporcionando algunos detalles de mi propio caso que todavía no han sido mencionados.

Durante mi primer ayuno a orina y agua, me sentía intrigado, si no alarmado, al observar las palpitaciones de mi corazón, que a veces eran tan pronunciadas que me parecía tener dos corazones en lugar de uno. Contrariamente a las suposiciones médicas, achaco esto a la teoría de que mi corazón no estaba recibiendo un suministro de sangre suficiente, y por tanto estaba algo acelerado como un reloj cuyo resorte de control se ha roto o estropeado. Entonces la Biblia me volvió a dar una idea, en esta ocasión el Nuevo Testamento, en donde leí: "...cuando ayunes úntate la cabeza y lávate el rostro..." (Mateos, VI, 17). Era plenamente consciente de que la interpretación que hice estaba traída por los pelos, pero empecé a frotarme con mi propia orina la cabeza, cuello, rostro y otras partes del cuerpo y cesaron las palpitaciones. Además, con este método me era posible ayunar sin interrumpir las tareas del día, siempre que no estuviera demasiado enfermo para empezarlas. Por ejemplo, pacientes con enfermedades cutáneas han ayunado y realizado su trabajo sin que se dieran cuenta de ello los que no lo sabían. En cuanto a mí mismo, puedo iniciar un ayuno si es necesario para estimular a otros y ni siquiera un doctor con sus impresionantes instrumentos es capaz de detectar por mi corazón que estoy ayunando. En cambio lo detectará fácilmente si no me diera los masajes con orina.

18. LA ALIMENTACION EQUIVOCADA ES LA CAUSA PRINCIPAL DE LAS ENFERMEDADES

En un librito titulado *Britain's Health*, preparado por S. Mervyn Herbert, leemos lo siguiente en relación con la *nutrición*: "Las recientes investigaciones científicas indican que es de suma importancia para la salud nacional, y que debe proveerse a la nutrición adecuada de todos los hombres, mujeres y niños de la comunidad, junto con los más elementales servicios ambientales, como sanidad, casa y agua pura... Las vitaminas son ahora un lugar común, y de su estudio ha surgido una concepción nueva de los valores alimenticios.

"Se ha demostrado, por la incidencia de la tuberculosis, que esos enfermos pueden comer todo lo que son capaces y seguir padeciendo malnutrición, si los alimentos que eligen carecen de los elementos protectores importantes. En casi todos los lugares de los trópicos pueden encontrarse casos terribles de escorbuto, pelagra o beri-beri que se han desarrollado no por el hambre, sino por la falta de vitaminas o minerales." (Debería decir *y* en lugar de *o*.) Es un hecho conocido que en todos los países aquejados de escasez de alimentos durante la Primera Guerra Mundial aumentó la incidencia de la tuberculosis.

"No se puede describir con precisión la incidencia de la malnutrición en Gran Bretaña, pero las autoridades en asuntos dietéticos están de acuerdo en que es lo bastante extensa para constituir el más grave peligro a la salud en el tiempo presente... La falta de dinero es incuestionablemente responsable de una gran parte de la malnutrición, pero también se debe en buena parte a la ignorancia que hace que se consuman en exceso alimentos de bajo valor nutritivo."

Todo lo anterior se puede resumir en un frase: "La causa primordial de la enfermedad es la ausencia de sustancias que deberían estar en el cuerpo y la presencia de sustancias que no deberían entrar en el." (*Doctors, Disease and Health*, de Cyril Scott.) La esencia de esto la ha descrito claramente el comandante C. Fraser Mackenzie, C.I.E.: "Estamos hechos de lo que comemos, por lo que si enferma algún órgano ello significa generalmente que nuestra alimentación era inadecuada". Lo cual, dicho de un modo aún más conciso es: la causa de la enfermedad es una dieta mal equilibrada.

Sin embargo, teniendo esto en la mente, sería improcedente dar normas específicas con respecto a los alimentos precisos que los hombres deben o no deben comer, pues se deben tener en cuen- el clima, el entorno y la "idiosincrasia" personal. No cabe esperar que los esquimales vivan con los mismos alimentos que, por ejemplo, los brasileños. Debo mencionar aquí el caso de un hombre para el que el pescado es un veneno tan poderoso que incluso con lamer un sello (el lado adherente contiene cola de pescado) se le hincha toda la cara en tal medida que no puede ver porque se le cubren los ojos. Hay personas para las que los huevos son un veneno en cualquiera de sus formas. Pero a veces esas personas pierden esas peculiaridades, como una señora que a los 70 años pudo empezar a tomar huevos sin que le hicieran daño.

Los vegetarianos fanáticos pretenden hacernos creer que comer carne es prácticamente el origen de todas las enfermedades humanas. Difiero de ellos totalmente, y por la mejor de todas las razones: la experiencia personal y lo que he observado en los demás. Estaría de acuerdo con ellos si afirmaran que una dieta sin carne *sería* el mejor régimen *si* el hombre no hubiera adquirido a lo largo de los años los hábitos alimenticios de un animal omnívoro. Pero, tal como están las cosas, mi observación me ha enseñado que los cambios bruscos de dieta desde el zoófago al no comedor de carnes pueden tener resultados desastrosos. En suma, el hombre medio no ha alcanzado todavía ese estado de salud en el que está preparado para el vegetarianismo total, por muy deseable que pueda resultar como ideal. No obstante, haré la siguiente reserva: puede ser diferente en el caso de las personas alimentadas desde la infancia con una dieta sin carne, siempre que tal dieta no sea *simplemente* un régimen sin carne; es decir, debe ser una dieta vegetariana bien equilibrada, no sólo una abundancia de fécula.

Tras ese preámbulo se me preguntará por el tipo de dieta que abogo personalmente para las personas que viven en zonas templadas. Mi respuesta es que debe componerse, en proporciones apropiadas, de carne, aves, pescado, ensaladas, vegetales *vaporizados*, pan integral de trigo, frutas frescas de estación, arroz integral, mantequilla con moderación y miel, que es el mejor edulcorante que existe. Se deben evitar todos los alimentos enlatados, los alimentos excesivamente cocidos, todos los alimentos procesados (desnaturalizados), como el pan, el azúcar y el arroz blanco, así como la leche pasteurizada. También deben evitarse los condimentos. En mi opinión, las carnes enlatadas, los alimentos procesados y la leche pasteurizada son los malignos productos comerciales con los que se complace la llamada civilización. El azúcar y el pan blancos se inventaron simplemente para poner el dinero en las manos de los refinadores del azúcar y la harina. El azúcar blanco es sólo un alimento productor de ácido, puesto que se le han extraído todas las propiedades alcalinas. Durante el siglo pasado, un doctor poco escrupuloso recibió dinero por decir que había encontrado un "bicho" en el azúcar integral, y que por tanto no resultaba adecuado para el consumo humano en su estado natural. (Véase *Science of Eating*, de McCann). En cuanto a la leche pasteurizada, la Dra. Marie Stopes no es la única en condenarla totalmente. Ya vimos que le da el nombre de "veneno estúpido". Quizá eso sea ir un poco lejos, pero sigue en pie el hecho de que la pasteurización de la leche, aparte de otras consideraciones, permite venderla cuando no es fresca, pues su falta de frescura ya no es detectable.

Eso me trae a la memoria lo que decía sobre esa comodidad el finado Mr. F. A. MacQuisten, K.C., M.P.: "Piensan algunas personas que leche pasteurizada es leche de pasto. Sólo es leche medio hervida carente de nutrición. Si se la das a las terneras se mueren. Si se la das a las ratas dejan de reproducirse. Es una forma de control de la natalidad." (*Daily Mirror*, 2 de marzo de 1940.)

No cabe duda de que, por lo que respecta a la dieta, lo admitan o no los doctores, debemos mucho a los naturópatas, que fueron los primeros en llamar la atención sobre la necesidad de ingerir alimentos *vitales*, y de ahí la palabra vitaminas, posteriormente acuñadas. Pero por desgracia éstas se han explotado comercialmente y ahora hay vitaminas artificiales en el mercado. El profesor A. J. Clark, de la Universidad de Edinburgo, advirtió al público contra ellas. En *Fact*, nº 14, escribió que la educación principal que el público está recibiendo se halla "en forma de anuncios de preparaciones vitamínicas, tónicos, etc., que distorsionan los hechos de manera que los anunciantes vendan sus productos". Afirmaba que deberíamos obtener nuestras vitaminas de una dieta apropiadamente regulada, y no de las llamadas preparaciones alimenticias tónicas. Es innecesario decir que estoy totalmente de acuerdo con él. También estoy de acuerdo con casi todo lo que han dicho los naturópatas, aunque difiero de ellos en uno o dos puntos. Hay algunos extremistas que han deseado eliminar totalmente de la dieta la fécula y el azúcar. Eso es una peligrosa falacia. Nadie puede subsistir mucho tiempo sin tener en su organismo *algo* de azúcar y fécula; lo nocivo es el exceso, tal como señalo en el capítulo dedicado al catarro común.

Si es ya evidente la causa de las enfermedades, también deberá serlo su prevención: una dieta bien regulada, lo cual significa ni poco ni mucho, a lo que yo añadiría por la ingestión habitual de la propia orina fresca. Al levantarse se debe tomar un vaso, y otro vaso durante el día. Yo, por mi parte, me bebo toda la que paso, y aparte de leche fresca no tomo ninguna otra bebida. Pero yo soy un entusiasta. Si "redactara la ley" de modo forzoso y para todos podría llamárseme dogmático. También sería dogmático si dijera que una comida al día, o dos como máximo, son suficientes para el mantenimiento de la salud y la fuerza. Pero en mi propio caso *he* descubierto al final que una sola comida me basta. Lo que sí he de decir, suene o no dogmático, es que las alteraciones violentas y repentinas de la dieta sólo son prudentes si se llevan a cabo *después* de un ayuno. Las personas que por razones humanitarias se han pasado de pronto al vegetarianismo han sufrido con frecuencia de vértigos. La naturaleza pone objeciones a ese tipo de cambios repentinos. Inversamente, las personas que han pensado que el vegetarianismo les desagrada y han empezado a ingerir de pronto alimentos cárnicos también han tenido que pagar por su modo de hacer las cosas. Pero no si han realizado el cambio después de un ayuno de orina, cuya duración se haya regulado de acuerdo con la condición y naturaleza (no el nombre) de su enfermedad.

Permítaseme añadir una palabra referente a los ayunos forzosos de los supervivientes en botes que, enfrentados a la insuficiencia de agua han recurrido a beberse la orina. Un corresponsal me escribió diciendo que hay registrados varios casos de marineros naufragados que se bebieron la orina y murieron en consecuencia. Seguramente estaba confundiendo causa y efecto, pues su deducción no concuerda con la del Almirantazgo, que afirma que esa "práctica es inofensiva". La verdad es que con toda probabilidad esos desgraciados sólo empezaron a beberse la orina cuando estaban *in extremis*. Si lo hubieran hecho desde el principio habrían modificado sus sufrimientos por la falta de alimentos y agua. Además, en tales casos hay que tener en cuenta los efectos nocivos de la exposición al aire y el sol y la ansiedad constante que suele acompañar a esas experiencias. Los desgraciados que quedan a la deriva en un bote suelen estar obsesionados de continuo por la idea de que van a perecer de hambre y sed. Si hubieran estado libres de esa idea y seguros de que la ingestión de orina no sólo es inofensiva, sino realmente benéfica, habrían experimentado menos terror. Si todo el mundo supiera que un hombre puede subsistir por un período de tiempo que al no iniciado le parece extraordinariamente largo a base sólo de su orina, ese conocimiento resultaría extraordinariamente valioso contra los efectos debilitadores de los pensamientos de miedo. Debo añadir que el ayuno más largo que he podido registrar ha sido el de un hombre que ayunó 101 días por causa de una ceguera producida por una picadura en un ojo y la utilización prolongada de atropina en ambos ojos. Pero un ayuno tan prolongado no hubiera sido factible sin los masajes con orina (además de la ingestión) que tan importante papel juegan en esta terapia.

19. ALGUNAS SUGERENCIAS PRACTICAS

En uno de los Estados Americanos existe una ley por la que es ilegal que un marido bese a su esposa en domingo. Evidentemente, nadie le hace el menor caso, porque no hay modo de forzar a cumplirla y sólo implica a las partes concernidas. Pero son muy diferentes las leyes que implican grandes intereses comerciales. Un beso no es un bien manufacturable pero sí lo son los sueros y las plantas de radio... y ahí está el problema. Al puro de corazón, lo que significa que no es egoísta es altruísta y no está comercialmente mentalizado, le resultará sin duda una curiosa ironía el que el tratamiento de determinadas enfermedades supuestamente incurables sea ilegal salvo para aquellos que no las pueden curar. Esto, evidentemente, está destinado a "proteger al público". Pero el hombre lógico podrá preguntarse. ¿proteger al público de qué o de quién? Suponemos que de las personas que fraudulentamente afirman que curan lo que saben perfectamente que son incapaces de curar, y que simplemente comercian con la inocencia y la ignorancia. Esa ley tiene sus ventajas, pero también sus desventajas. Pero resultaría más convincente si las medidas adoptadas por la profesión médica, que tanto hizo para que las leyes se decretaran, 1) sirvieran para proteger las vidas de aquellos a quienes dicen proteger, y 2) si estas medidas no fueran de naturaleza tan lucrativa. Las operaciones de cáncer son mucho más costosas para el paciente que unas cuantas hierbas relativamente inocentes vendidas por los charlatanes (algunas de las cuales se sabe que sientan bien), y una planta de radio es costosa para los compradores y muy provechosa para los vendedores, como lo es el propio radio. Ya hemos visto que muchos doctores, de las escuelas tanto alopática como homeopática, han advertido a sus colegas contra los insatisfactorios resultados obtenidos por la cirugía y el radio, pero no han producido un efecto apreciable, pues se sigue proponiendo el radio o la cirugía como los tratamientos "correctos" para la malignidad.

No obstante, a veces los doctores se encuentran en un apuro, y se conocen casos en los que han acudido a la heterodoxia cuando se trataba de salvar a un familiar. El Dr. W. H. Roberts (homeópata) escribió que un cirujano alopático del R.A.M.C. fue a verle en relación con su hermana, de 47 años, que tenía un tumor en el pecho del que no podía ser tratada (tal como aconsejaba un prominente cirujano de Dublín) por tener una enfermedad cardíaca. El cirujano añadió: "No sé nada de homeopatía... pero está usted en libertad de probar sus remedios." El resultado final fue que el Dr. R. la curó. No hubo recurrencia y vivió 17 años más, muriendo finalmente de una enfermedad tipo gripal. (Véase *Health Through Homeopathy*, julio de 1944). La literatura homeopática relata muchas de las curas de cáncer, algunas más rápidas que otras, y se esté de acuerdo o no con los métodos homeopáticos, al menos el paciente evita el riesgo de tener que sufrir los efectos secundarios tan frecuentemente asociados con el tratamiento de radio, cirugía o ambos. Pero por fortuna algunos doctores se sienten ahora tan decepcionados por los resultados pasajeros y dolorosos de esos tratamientos que están deseando probar otros métodos en beneficio de sus pacientes. Y a esos doctores me dirijo, así como a los pacientes, pues tengo muy buenas razones para creer que podrían beneficiarse mucho del tratamiento descrito en este libro. Al fin y al cabo, las cosas no han llegado al punto en que un doctor cualificado se vea obligado a emplear el método preciso que los Poderes Médicos anuncien como el "mejor" (anque en el último capítulo dirá algo sobre la autocracia médica). Tampoco obliga la ley al ciudadano a ser operado o quemado con radio en contra de su voluntad. Pero tal como han señalado el Dr. Beddow Bayly y otros médicos de diversas escuelas, ¿cómo se va a exigir al público otros medios de tratamiento a menos que sepa que dichos tratamientos existen? Cuando la profesión médica aboga por ciertas medidas, como cuando abogaba por la *sangría* para toda enfermedad imaginable, se hace poca mención de sus numerosos fracasos y de los frecuentes resultados fatales, y sólo cuando el público se entera de éstos al oír las amargas experiencias de las víctimas hay una demanda

ALGUNAS SUGERENCIAS PRACTICAS

de algo mejor. Hay ocasiones en las que un dolor admite la superioridad de un tratamiento pero se abstiene de utilizarlo, como atestigua la confesión de un cierto doctor con relación a la bioquímica, sobre la que dijo ante un juez de primera instancia "La bioquímica es el método más actual y lógico de tratar la enfermedad... Pero los doctores como somos excesivamente conservadores y nos adherimos al viejo método hasta que las circunstancias nos obligan a abandonarlo" (obviamente por la demanda del público) "adoptando un sistema de medicación más nuevo y mejor". (Citado por J. T. Heselton en *Health Thyself*, julio de 1937.)

A la vista de todo esto, nos vemos obligados a repetir las preguntas planteadas por C. Fraser Mackenzie, C.I.E.: "¿Está destinada la profesión médica al beneficio de la nación, o los ciudadanos al beneficio de los doctores." La respuesta, sigue diciendo, "es a favor de la nación, siempre que los doctores sean generosamente tratados"... Totalmente de acuerdo y yo soy el último en desear que los doctores no sean tratados justamente, incluso aunque en última instancia me vea obligado a curarme con mis propios métodos. Pero tal como están las cosas por el momento, parece como si el paciente existiera en beneficio de los doctores. Cabría preguntarse, ciertamente, por el número de pacientes que han muerto mientras los doctores se preocupaban por la etiqueta médica.

No hemos de detenernos por ello, sin embargo. La cuestión es cómo enfrentarnos al problema del paciente que ha dejado de creer en los métodos ortodoxos y está dispuesto a probar la terapia de la orina. ¿Debe prescindir o no de los servicios del doctor? Desde casi todos los puntos de vista considero que *no* debe prescindir de los servicios de su consejero médico. No hay razón práctica por la que el descubrimiento, o mejor el redescubrimiento, de la terapia de la orina debe "privar al médico de su pan", aunque es un asunto que afecta totalmente a cada doctor individualmente. Este libro le pone en posesión de los hechos, y si, tras solicitárselo un paciente, se negara a supervisar un ayuno de orina, no se me puede condenar a mí por ello. No es la primera vez que un paciente sugiere a su médico el tratamiento particular que desea intentar, y si de él obtiene resultados espectacularmente beneficiosos, tanto mejor para la fama del doctor.

Por otra parte, un doctor puede servir de amortiguador de las interferencias bien intencionadas, pero obstructivas y fatigosas, de los parientes ansiosos, pero a menudo ignorantes y llenos de prejuicios, que no sólo tienen miedo de lo peor, sino también de las formalidades y la publicidad.

He de dar, no obstante, una nota de advertencia. Si a pesar de mis afirmaciones un doctor cree que puede combinar el ayuno de orina con los medicamentos el resultado será un fracaso. Ya hemos visto que la terapia de orina es una cura de la naturaleza en el sentido más literal del término, y emplear al mismo tiempo medidas que son contrarias a la naturaleza no sólo sería totalmente ilógico, sino incluso peligroso. Sé esto por experiencia, no porque yo haya interferido el trabajo de la naturaleza, sino porque lo han hecho otros en cuanto me he vuelto de espaldas. Por tanto, creo sinceramente que se debe seguir esta advertencia. Pero siempre que se siga, vuelvo a repetir que la supervisión de un doctor es deseable desde muchos puntos de vista. El doctor no tiene que sentir ningún remordimiento ni una rebaja de su dignidad sólo porque esta terapia sea el resultado de los experimentos de un profano. Cualquier médico que conozca la historia de la medicina sabe también la gran contribución que han tenido los profanos. Incluso el adulado Pasteur, quien hizo "más que nadie por la comercialización de la medicina" era un químico, no un médico. También debo mencionar la hidroterapia, y el hecho de que los doctores no piensan que rebaje necesariamente su dignidad el asociarse con un establecimiento hidropático. Por tanto, soy lo bastante optimista para pensar que en un tiempo no muy lejano habrá establecimientos en los que los pacientes sean tratados con la terapia de la orina, en los que haya un grupo de enfermeras para cuidarles y darles los masajes de orina. (¿Por qué va a estar la gente destinada a morir de gangrena y otras dolencias supuestamente incurables cuando es posible la salvación?) La terapia de la orina no impedirá nunca el trabajo de profesionales. Pensemos en el caso de las instalaciones sanitarias, que tal como señala Are Waerland fue introducida por profanos "frente a las dentelladas de la hostilidad apasionada de la profesión médica, que veía amenazados sus intereses"; pero las instalaciones sanitarias no son contrarias a la creación de trabajo, y hoy en día los doctores están a su favor con la misma pasión que en otro tiempo estuvieron en su contra. En realidad, todas las reformas y cambios amenazan intereses, pero al final los asuntos se ajustan. Pero una vez dicho todo esto, ¿es justo que los intereses creados interfieran en el bienestar físico de la gente? Si pudiera pensar honestamente que los diversos aparatos, creadores de beneficios económicos, que están hoy en el mercado fueran realmente un medio de mantener la salud en lugar de meros paliativos, con frecuencia engañosos, sería el primero en alabarlos. ¿Pero, qué interés voy a tener en desprestigiarlos, puesto que no tengo nada que vender? La gran ventaja de la terapia de la orina es que no cuesta nada y la pueden utilizar por igual pobres y ricos. Un gran número de personas sin dinero se están tratando ahora con esta terapia en sus propias casas, con la amable asistencia de parientes que les dan las frotaciones, y el tratamiento no les cuesta una peseta. Por otra parte, las clínicas en las que se practicase la terapia de orina supervisada por doctores serían muy útiles para aquellos que pudieran permitirse pagar tales instituciones.

20. EL HOMBRE; EL MISTERIOSO

Un doctor sabio pero modesto me dijo en una ocasión: "A decir verdad, no sabemos *nada.*" Me siento inclinado a repetir ese sentimiento, pues la verdad sea dicha cuanto más descubrimos más cuenta nos damos de lo poco que realmente sabemos. En todas las eras, a pesar de las filosofías, religiones y ciencias, el hombre sigue siendo un misterio que echa por tierra con frecuencia a todas nuestras pequeñas teorías. Hay hombres que parecen desafiar practicamente todas las reglas de salud, que fuman de la mañana a la noche y que viven hasta una edad muy avanzada sin tener que enfrentarse a nada más grave que un ocasional resfriado. Hay otras personas que se han visto afligidas por la enfermedad toda su vida, y que sin embargo han llegado a los 85 años o más, dando fe al principio de que "una puerta herrumbrosa dura más tiempo". ¿Cómo podemos explicar esos hechos? Lo único que podemos decir, con poca convicción, es que hay excepciones que demuestran la regla, lo cual, dicho sea de paso, es un refrán bastante estúpido. ¡Un autor ha sugerido que hay personas que nacen con cuerpos "a prueba de impericia"! Puede que tenga razón, ¿pero por qué nacen así? Los astrólogos nos dicen que el momento preciso en que nace una entidad al mundo marca su tipo de cuerpo. Algunos científicos que al principio se burlaban de esta idea están empezando a pensar que puede haber razones científicas para ella. ¡"Que se burlen los estúpidos e investiguen los filósofos"! ...Si tienen tiempo para ello. También nos dicen los astrólogos que las personas nacidas en determinados momentos del año son más proclives a sufrir ciertas debilidades y enfermedades, lo cual se debe en gran parte a su tipo de cuerpo. (Véase *Man and The Zodiac*, de David Anrias. Este libro contiene ilustraciones de los 12 tipos diferentes de cuerpo.) Si ello fuera cierto, aunque no me encuentro en posición de comprometerme a favor o en contra, ello explicaría el motivo de que la enfermedad, que es una unidad, se manifieste en modos tan diferentes. Se dice, por ejemplo que los nacidos entre el 21 de marzo y el 20 de abril son proclives a sufrir problemas relacionados con la cabeza, rostro y cerebro, mientras que los nacidos en los mismos días entre septiembre y octubre pueden sufrir afecciones del bajo vientre o riñones... siempre que no tomen las medidas oportunas para evitar esos problemas. (Véase *Health, Diet and Commonsense*, por Cyril Scott. Concedo que esto pueda parecer totalmente inverosímil, pero he aprendido a no burlarme de aquello que no entiendo. Aunque he demostrado la eficacia de la terapia de orina, para mí sigue siendo muy misteriosa. Cuando me pregunto por el motivo de que la orina ingerida por la boca seleccione especialmente los órganos que requieren la reconstitución, no puedo ofrecer una explicación más racional que la del doctor que nos dice que determinadas medicinas afectan a ciertos órganos. No todos los doctores están de acuerdo con esto, pues un médico dijo en mi presencia que abandonó la facultad con sesenta remedios para cada enfermedad, pero que en los primeros diez años de práctica había descubierto que tenía sesenta o más enfermedades que armonizaban con sus medicinas, ¡pero que no tenía curaciones! Fue el mismo médico quien dijo que las personas que no seguían un tratamiento eran las que más tiempo vivían y las que menos sufrían, ¡de lo que hay que deducir que la mayoría de las personas mueren por el doctor y no por la enfermedad! Este digno médico era un hombre sincero. Pero no tendría que haber admitido eso si hubiera empleado la terapia de orina en lugar de sus sesenta medicamentos. La ventaja de la terapia de orina es su extrema simplicidad, como puede comprobar cualquiera. No es un específico para una enfermedad dada, es un específico para la salud. También es un profiláctico contra una serie de molestas "bagatelas", que no por su insignificancia son menos molestas. No exagero al decir que actualmente hay miles de personas en Europa y América que saben por experiencia que no hay nada que iguale a la orina, *especialmente a la orina vieja*, para las manos agrietadas, ampollas, picaduras, llagas, como protección contra las erupciones, los pies sudorosos, la pérdida del cabello, la caspa y otras muchas afecciones desagradables. Haciendo gárgaras con orina fresca se cura y previene la afonía y bebiendo la propia orina todos los días se previene la obstrucción del flujo urinario. También facilita la evacuación. Y este remedio no cuesta absolutamente nada, salvo al principio un poco de autodisciplina para superar lo que parece ser una idea "desagradable".

Los que hayan leído el conocido libro *Mother India* recordarán algunos pasajes dedicados a las "sucias costumbres" de los pueblos nativos. Señalaba la autora que entre las "supersticiones" curativas estaba la creencia de que las aguas de una parte de un famoso río de la mitad septentrional de la India poseen propiedades curativas. La gente se baña allí y bebe sus aguas. Preguntándose si habría algo más que fe en las curaciones realizadas, hizo que analizaran en Europa muestras de sus aguas. ¡El líquido curativo resultó no ser otra cosa que una débil solución de orina y agua pura!

Y con este sorprendente desenlace pongo fin a este capítulo.

21. REFLEXIONES A MODO DE CONCLUSION

Parece innecesario aumentar el volumen de este libro. Si el éxito en el tratamiento de muchos miles de casos de una gran variedad de enfermedades, incluyendo un buen porcentaje de las llamadas incurables, no demuestra la eficacia de la terapia de la orina, ninguna otra cosa podrá probarlo. Por otra parte, ya hemos visto que muchos de los pacientes ya habían probado, sin éxito, otros métodos, tanto ortodoxos como heterodoxos. Con esto no quiero decir que la terapia pueda curar sin excepción a todos los pacientes de todas las condiciones de enfermedad. Las condiciones artríticas graves han resultado muy difíciles de curar, y muchos casos de diabetes no han respondido en absoluto al tratamiento. Por otra parte, lo cual puede parecer extraño, los crecimientos y los tumores que se suponía cancerosos, y también las cataratas, han respondido rápidamente. En cuanto a los pacientes que *podrían* haber sido salvados por la terapia de la orina, probablemente son muy numerosos. Se trata principalmente de casos en los que he declinado mi ayuda no porque los considerase sin esperanza en sí mismos, sino porque temía la interferencia de parientes bien pensantes y tímidos en un momento vital en el que esta interferencia podría resultar fatal, de modo que ellos y yo nos hubiéramos visto enfrentados a una investigación. En suma, no he corrido riesgos, pues sólo los médicos calificados los pueden correr sin ponerse en peligro ellos mismos. Dicho de otro modo, a los doctores se les permite experimentar con sus pacientes, bien con medicamentos o con bisturí, y si el paciente muere tanto peor para sus familiares, mientras el doctor se lleva la fama de haber hecho lo más que podía en un caso sin esperanza. Quizá haya quien argumenta que el profano que ha encontrado una curación eficaz de las enfermedades debería estudiar para calificarse como médico ortodoxo, de nombre ya que no de hecho. ¿Pero cómo un hombre con pretensiones de honradez se va a poner a estudiar un sistema de medicina en el que no cree y que considera como una amenaza para la salud? ¿Y por qué motivo? ¿Simplemente para poder diagnosticar un número dado de enfermedades y designarlas con nombres polisilábicos? ¿Y creyendo, como en el caso de la terapia de la orina, que el nombre de la enfermedad no tiene relación alguna con la elección del tratamiento? ¿Para qué? Estoy convencido de que la necesidad de una diagnosis correcta antes de decidir el tipo de tratamiento es una de las limitaciones de la alopatía. Por ejemplo, si una mujer tiene un crecimiento en un pecho, lo primero que quiere determinar un doctor es si es maligno o "benigno". Pero con la terapia de la orina esa cuestión no tiene la menor importancia, pues como hemos visto el tratamiento de todas las enfermedades se realiza prácticamente con el mismo procedimiento, puesto que el paciente tiene en sí mismo el "líquido mágico" que curará sus enfermedades, y el único prerrequisito consiste en abstenerse de tomar alimentos (como hacen los animales) para dar a la naturaleza la oportunidad de hacer el trabajo. Y lo *hará* a su propia manera siempre que no tenga interferencias. Esto lo he observado una y otra vez con respecto al movimiento intestinal durante el ayuno de orina y agua. Mientras que el naturópata "ortodoxo" cree necesario ayudar a los intestinos con enemas durante el ayuno a agua o zumos de frutas (política errónea), por ningún motivo se debe recurrir a esas medidas durante un ayuno a base de orina y agua, pues se debe dejar que la naturaleza determine cuándo ha de mover los intestinos. Lo que hay que recordar es que durante el ayuno la orina, tomada por vía bucal, cura, reconstituye y reacondiciona los órganos vitales, incluyendo los intestinos, y mientras está en marcha el proceso los intestinos suelen parecer dormirse y caer en un estado de inactividad, que en los casos graves puede llegar a durar hasta 19 días. Pero esa inactividad es una ventaja, especialmente para los pacientes de hemorroides, a los que da una posibilidad de curación. Por tanto, la naturaleza realiza a su manera, cuando se le deja, su trabajo, para lo cual sólo basta que tengamos fe en ella, aunque al principio podamos no entender sus misterios.

Verdaderamente, los caminos de la naturaleza no son los nuestros, y ella desafía y contradice toda superstición y toda creencia, práctica y dogma ortodoxos.

FINAL
¿DONDE LA MEDICINA?

Como ya he comentado en otro lugar, quién hace un descubrimiento útil tiene un deber que cumplir, y es el de entregar ese descubrimiento al mundo. Pero tiene otro deber, y es el de advertir al mundo contra lo que él ha decubierto como nocivo. Tanto los "peces gordos" como los "peces más pequeños" de la misma profesión médica así lo han hecho en las reuniones de fraternidad y en las publicaciones periódicas y libros, que en gran medida el público no lee. Ocasionalmente, sin embargo, un cirujano o un doctor escriben un libro que no está dirigido excluxivamente a la profesión. Uno de esos libros, que contiene "más de cuatro verdades", es *Man the Unknown*, del estadounidense Alexis Carrel.

Vivimos en una época en la que los sueros y vacunas se han convertido en una moda muy lucrativa, lucrativa para sus fabricantes y vendedores, pero también en una época de especialismo, a pesar de lo que han dicho muchos médicos sobre sus peligros. A este respecto decía el Dr. Carrel: "La especialización extrema de los médicos ha causado muchos males. Cuando un especialista desde el principio de su carrera se limita a una pequeña parte del cuerpo, su conocimiento del resto es tan rudimentario que es incapaz de entender completamente esa parte en la que se especializa". Y escribe el Dr. K. T. Morris: "El paciente que va a ver a un especialista por su propia responsabilidad ...está saltando de la sartén al fuego." (Ver *Fifty Years a Surgeon*.) También podemos citar al Dr. W. H. Hay una famosa "Hay Diet". Dice con relación a los especialistas: "Cada uno ve en el paciente lo que más desea ver, encuentra aquello que le han enseñado a encontrar, y a menos que sea un superhombre eso es todo lo que cabe esperar." (Ver *New Era of Health*.)

Las advertencias contra la especialización no se dan sólo en Occidente. El Dr. B. Bhattacharyya, de Baroda, la India, tras mantener en un artículo que los especialistas en cuanto que clase se han convertido en una amenaza para la salud pública, escribía: "Ver a un especialista y estudiarle en relación con el órgano en el que se ha especializado provocaría el regocijo hasta de los dioses." Puedo citar, finalmente, a Lord Horder, quién declaró en una conferencia pronunciada en los Estados Unidos: "La extensión de la especialización y el incremento de los intereses del público por los asuntos médicos se han combinado para estrechar la función del médico general, el cual es, o debería ser, el clínico *por excelencia*. Considero que esto es tan peligroso para el público como lo sería para los pasajeros de un barco el que el capitán abandonara el puente ...y ocupara su puesto el radio operador." Son palabras vigorosas. Y sin embargo no hay palabras tan enérgicas como las que han utilizado muchos médicos en relación con los peligros de la terapia de suero, radio o la innecesaria interferencia del bisturí. Y esto no es todo, pues encontramos con que no se puede confiar ni siquiera en las estadísticas para dar los hechos reales. En un planfleto publicado para uso oficial por el Ministerio de Sanidad, el Dr. Copeman, uno de sus funcionarios, da el ejemplo de una gran institución londinense en donde se habían notificado 107 casos como difteria, de los cuales 100 no tenían nada que ver con esa enfermedad. Encontramos doctores que sienten tanto lo que se relaciona con su profesión que, a veces se ven obligados a expresarse con términos tan fuertes que serían considerados como difamatorios si los pronunciara un profano. Por ejemplo leemos: "En la historia del arte de la medicina abundan tanto las prácticas engañosas, ineficaces y caprichosas y los razonamientos falaces y sofistas que la convierten en poco más que un caos de error, en un tejido de engaños que es indigno de ser admitido entre las artes útiles y las empresas generosas de la humanidad." (Dr. Blane.)

Y si se dice todo esto contra la alopatía y las prácticas alopáticas, y no lo dicen los "charlatanes" y marginados, sino miembros de la propia profesión médica, parece bastante extraño, por lo menos, que la ortodoxia médica, es decir la alopatía, sea la única escuela reconocida por el estado, mientras que escuelas como la osteopática, el herbalismo, la homeopatía, la naturopatía y el sistema bioquímico de la medicina son considerados indignos del reconocimiento oficial, cuando no se les etiqueta incluso de charlatanería. Tanto los osteópatas, como los bioquímicos y los homeópatas (véase Ellis Barker, *miracles of Healing*) parecen haber curado, sólo en este país, a cientos de pacientes que habían buscado en vano alivio en las manos de los alópatas. El Dr. Routh, alópata, nada sospechoso por tanto de desviación en favor de la homeopatía, publicaba a finales del siglo pasado algunas fichas que demostraban que el número de muertes en hospitales con tratamiento homeopático era menor al de muertos con tratamiento alopático. Posteriormente, unas cifras publicadas en 1910 demostraban que la tasa media de mortalidad bajo tratamiento alopático era del 9,89%, mientras que con tratamiento homeopático era sólo de 5,01%. Por otra parte, si tomamos separadamente algunas de las enfermedades, encontramos que durante un período de 32 años la tasa de muertes por neumonía con tratamiento alopático fue del 29,5%, y sólo del 3,9% con tratamiento homeopático. En cuanto a la difteria, tratada con antitoxinas la tasa media fue del 16,1%, frente a un 4,5% en los casos tratados homeopáticamente sin antitoxinas. Las cifras de 100 años referentes al cólera nos dan una tasa de mortalidad del 49,57% con tratamiento alopático, y de sólo un 16,33% con homeopático. (Véase *Homeopathy in Practice*, del Dr. Voorhoeve.) A propósito del cólera, el finado Dr. McCloughlin, inspector médico (no homeópata), escribió que tras el número de curaciones de casos auténticos de cólera asiático que había presenciado, casos que no habrían respondido al tratamiento alopático, si él mismo se viera contagiado de cólera se pondría antes en las manos de un homeópata que de un alópata. Cuando en el siglo pasado hubo una gran epidemia de cólera en el continente europeo, un homeópata de Nápoles llamado Dr. Rubini trató no menos de 285 casos sin tener un solo fallecimiento entre ellos. (Citado en *Health Practitioners Journal*, marzo de 1944.)

He llamado la atención sobre estos hechos y cifras, que datan de algunos años, porque fue *después*, y no antes, de que la homeopatía se mostrara más eficaz (o en cualquier caso menos nociva) que la alopatía cuando se hizo un intento en Inglaterra de prohibirla totalmente. Sin embargo, por fortuna para los homeópatas y sus pacientes, el decreto no prosperó. No obstante, en sí mismo el intento ya era bastante significativo. Y se crea o no *per se* en la homeopatía, ello da a las personas inteligentes motivo para una seria reflexión. Se plantea la siguiente cuestión: si la homeopatía previene más muertes que la alopatía, ¿por qué no es la escuela médica estatal, del mismo modo que la Iglesia de Inglaterra es la iglesia estatal? Se han hecho varias sugerencias a modo de respuesta. Una de ellas es que la medicina homeopática es muy barata. Otra de ellas es que el homeópata requiere pocas veces, o ninguna, los servicios de los ayudantes de diagnosis a los que tiene que recurrir el alópata de hoy en día. Todo ello trae como consecuencia que con el tratamiento homeopático se gasta por paciente menos dinero que con el alopático. Por otra parte, los homeópatas no abogan por las medidas "preventivas" en gran escala. Ellos no dicen: "Como cualquiera tiene posibilidad de contraer viruela, difteria, fiebres tifoideas, tétanos, escarlatina o cualquier otra enfermedad, debe tomar profilácticos homeopáticos contra una o todas esas enfermedades", pues los homeópatas saben que la mejor prevención contra todas esas enfermedades es un cuerpo saludable. Además, ya habrá tiempo suficiente de hablar sobre profilaxis cuando la gente haya estado en estrecho contacto con la viruela o cualquier otra enfermedad. Por tanto, si la homeopatía se convirtiera en el credo médico del estado, los fabricantes de suero ya no podrían comprar un caballo viejo por dieciocho libras y conseguir miles de beneficio con el pobre animal.

¿Y cuándo terminará todo esto? Se empezó con la vacuna de la viruela, luego con las vacunas para otras enfermedades, y se seguirá hasta que se promocionen "preventivos" para casi todo un tipo imaginable de dolencias. Pero no se tiene en cuenta cuál será el estado de la sangre humana después de que le hayan inoculado todos esos venenos. Sir Almroth Wright, pilar de la profesión médica ortodoxa, afirmaba que toda "la creencia en la terapia de sueros descansa sobre cimientos de arena". El Dr. Benchetrit llegaba incluso a decir que consideraba que las vacunas y los sueros eran los principales causantes del incremento de esas dos enfermedades realmente peligrosas: el cáncer y la enfermedad cardíaca. Y luego añadía: "He sido serólogo durante mucho tiempo y sé de qué estoy hablando." Y el Dr. Beddow Bayly escribió: "Es tan grande la veneración casi mística de la ciencia médica por los sueros antitóxicos, y tan poderosos los intereses comerciales que se benefician de su entendido uso, que se ha llegado a considerar como un quebrantamiento de la etiqueta médica el criticar adversamente esta forma de tratamiento, o el informar de sus resultados desfavorables." Lo que los aduladores del tratamiento de vacunas omiten mencionar cuando afirman triunfalistamente que la viruela ha sido barrida de prácticamente todo el mundo occidental con estos medios, es que la viruela es una enfermedad propagada por la suciedad, y que la ciencia de la higiene ha tenido grandes progresos desde la época en que esa enfermedad era predominante. Aún así, el importante Dr. Sydenham, que rechazaba la vacunación, decía que la viruela era una enfermedad simple de curar cuando el paciente era bien atendido.

A la vista de todo esto podemos preguntarnos: "¿A dónde va la medicina?" ¿Va a obligar la ley a la gente a someterse a las supuestas inmunizaciones contra ésta o aquella enfermedad cuando los propios médicos no están de acuerdo en que esas medidas sean correctas, o no se *atreven* a estar de acuerdo en que son erróneas? Y suponiendo que la inmunización no llegue realmente a ser obligatoria, ello no impedirá que las autoridades adviertan persuasivamente a un público inocente de los "peligros" de no someterse a ella. ¡Hubo un tiempo en el que la Iglesia persuadió al pueblo inocente de que si no la reverenciaban arderían en el infierno por toda la eternidad! Pero aunque la autocracia de la aristocracia sea ahora más o menos una cosa del pasado, amenos que afirmemos con fuerza nuestros derechos democráticos podemos enfrentarnos a una forma todavía peor de autocracia, la que lleva el nombre de ciencia. Y digo a propósito "la que lleva el nombre", pues mientras la ciencia verdadera trata de entender las leyes de la naturaleza, la falsa ciencia trata de mejorar a la naturaleza, suponiendo que el hombre sabe más que la propia Dama Naturaleza. De este modo se interfiere no sólo nuestro suelo, sino también el cuerpo humano. Los cirujanos dogmáticos han afirmado que las amígdalas, el apéndice e incluso la vesícula biliar son órganos inútiles, ¡y por tanto deben extirparse para evitar que enfermen! Comparativamente, hace sólo poco tiempo que los "científicos" médicos nos decían que la glándula pineal y la pituitaria eran también órganos inútiles ...y ello sólo porque no habían encontrado un motivo especial para su existencia en el cerebro humano. ¡Por fortuna para el hombre no se podían extirpar con un bisturí sin matar al paciente!

¿Pero son los doctores, sin embargo, totalmente culpables del actual estado de cosas? Ciertamente, un gran número de doctores se encuentran en una posición difícil, pues muchos de ellos admiten que no creen en la práctica de llenar a sus pacientes de "píldoras y pociones". Pero la gente está tan influida por las modas y caprichos predominantes, que las personas ignorantes exigen "lo últimos tratamientos" a doctores que quizá ni ellos mismos creen en ellos. En cuanto a los miembros de las clases bajas, cuando el médico no les da un frasco medicinal piensan que no están recibiendo lo que merece su dinero. Por lo que respecta a las operaciones, no se puede negar que a pesar de los dolores y molestias que conllevan muchas personas disfrutan realmente con ellas, pues representan una oportunidad de dramatización. Afirmo, sin embargo, que el deseo de ser mimado y provocar lástima es en sí mismo un signo de morbosidad, y denota por tanto una ausencia de auténtica salud. Incluso llego a decir que la mayoría de los problemas del mundo se deben directa o indirectamente a la misma causa. Y no excluyo ni a las guerras, por excesivo que pueda sonar. Los hombres que fomentan las guerras, o son directamente responsables de ellas, no son seres humanos normales y saludables. Julio César era epiléptico, Napoleón murió de cáncer de estómago, y Hitler presenta una neurastenia del tipo más pronunciado. Goebbels, con su pie zopo, puede ser considerado como un degenerado, y el obeso Görign fue en un tiempo drogadicto. Mussolini también era un enfermo, aquejado de algún problema interno crónico que los doctores no se atrevían a operar. En cuanto al fallecido Kaiser Guillermo, también era anormal y había nacido con una deformidad física. Sólo las almas muy avanzadas pueden mostrar un equilibrio mental a pesar de sus incapacidades físicas; y, comparativamente, esas almas son muy pocas.

Lo que ante todo afirmo es que cuando los seres humanos tienen un ciento por ciento de auténtica salud, o incluso un poco menos, se sienten en paz con todo el mundo y no sienten deseos de masacrar o perseguir a sus compañeros, o de exaltarse por encima de los demás. Pues la salud no significa sólo una felicidad interior, sino, consecuentemente, un sentimiento de contentamiento con la propia suerte, y la ausencia de ambiciones fantásticas como las que han sufrido los líderes que se han designado a sí mismos... ¡y a qué coste para la humanidad! Tengo todas las razones para creer que ese ciento por ciento de salud es alcanzable. Pero el punto central no es lo que la gente *puede* hacer por ese deseo, sino lo que *hará*. Antes de que pueda haber bienestar para todos se necesitará una gran reforma de las costumbres predominantes, así como de los métodos de instruir a las masas sobre el modo de estar y mantenerse bien. En cuanto a los propios reformadores, serán considerados chiflados a cambio de todos sus esfuerzos. Pero nunca debemos olvidar que el "chiflado" de una generación se convierte a menudo en el sabio de la siguiente. Hasta los remedios de viejas se justifican cuando los investigadores encuentran algún método científico de explicarlos, del mismo modo que los científicos han encontrado un método científico de explicar la necesidad de ingerir una cierta cantidad de elementos vitales llamándoles vitaminas. Evidentemente, es de esperar que yo sea etiquetado de chiflado, y si la profesión médica condesciende a prestar alguna atención a esta exposición de la terapia de la orina, probablemente será para oponerle todo tipo de argumentos teóricos. ¿Pero, habrá uno sólo de esos críticos capaz de respaldar su condena teórica diciendo sinceramente que ha probado el método durante un largo período de años y lo ha encontrado deficiente? Pienso que no habrá ninguno que así lo haga; pues ya ha dejado de ser el único practicante de la terapia de la orina de acuerdo con el método aquí descrito, y los otros practicantes afirman encontrarla tan eficaz como yo la he encontrado.

ÚLTIMOS TÍTULOS PUBLICADOS DE LA COLECCIÓN «PLUS VITAE»

- 135 GRAFOLOGÍA INFANTIL, por María Elina Echevarría.
- 136 PODER SEXUAL, por Sandra Sedgbeer.
- 137 ACEITE DE PESCADO, por Caroline Shreeve.
- 138 TRATADO COMPLETO DE TERAPIA SHIATSU, por Toru Namikoshi.
- 139 EL LIBRO DE COCINA DE ALIMENTOS COMPATIBLES, por Erwina Lidolt.
- 140 VENCIENDO LA CELULITIS, por Nicole Ronsard.
- 141 LOS REMEDIOS FLORALES, por Edward Bach.
- 142 MASAJE DE LA ENERGÍA CHAKRA, por Marianne Uhl.
- 143 AROMATERAPIA DE LA A A LA Z, por Patricia Davis.
- 144 EL LIBRO DE LA TERAPIA DEL SONIDO, por Olivea Dewhurst-Maddock.
- 145 STOP AL DOLOR DE LA ARTRITIS, por Henry B. Rothblatt y otros.
- 146 LOS 20 MINUTOS DE PAUSA, por Ernest Lawrence Rossi y D. Nimmons.
- 147 MANUAL DE REMEDIOS NATURALES, por M. Jackson y T. Teague.
- 148 LA CURACIÓN POR LAS FLORES, por Edward Bach.
- 149 REIKI, por Giancarlo Tarozzi.
- 150 COLOR Y PERSONALIDAD, por Audrey Kargere.
- 151 TÓCAME, MAMÁ, por Elvira Porres.
- 152 ELIXIRES DE ORQUÍDEAS Y PIEDRAS PRECIOSAS, por Andreas Korte, Antje y Helmut Hofmann.
- 153 EL LIBRO DE LA TERAPIA DE LOS COLORES, por Theo Gimbel y Gaia Books.
- 154 PREGUNTAS Y RESPUESTAS SOBRE LOS REMEDIOS FLORALES DEL DOCTOR BACH, por John Ramsell.
- 155 TRATADO COMPLETO DE SANACIÓN CON LAS MANOS, por Michio Kushi y Olivia Oredson.
- 156 LA SALUD VISUAL POR LA DIETA, por Yves Cohen.
- 157 CÚRESE USTED MISMO, por Dana Ullman.
- 158 LOS REMEDIOS FLORALES DEL DOCTOR BACH PARA MUJERES, por Judy Howard.
- 159 SUPERSALUD, por Christian H. Godefroy.
- 160 EL PODER INTERIOR, por Christopher S. Kilham.
- 161 LAS 40 PLANTAS MEDICINALES MÁS POPULARES EN ESPAÑA, por Alfredo Ara Roldán.
- 162 LA REVOLUCIÓN DEL NACIMIENTO, por Isabel Fernández del Castillo.